少女时代的陆小曼

徐志摩与陆小曼的结婚照

晚年陆小曼与翁瑞午

李清照像

万卷·人物

写到湖山总寂寥

陆小曼情传

马文戈 著

北方联合出版传媒（集团）股份有限公司

万卷出版公司

ⓒ 马文戈 2020

图书在版编目（CIP）数据

写到湖山总寂寥：陆小曼情传 / 马文戈著 . — 沈
阳 : 万卷出版公司，2020.4
ISBN 978-7-5470-5273-0

Ⅰ . ①写… Ⅱ . ①马… Ⅲ . ①陆小曼（1903–1965）
– 传记 Ⅳ . ①K828.5

中国版本图书馆CIP数据核字（2019）第273631号

出 品 人：刘一秀
出版发行：北方联合出版传媒（集团）股份有限公司
　　　　　万卷出版公司
　　　　　（地址：沈阳市和平区十一纬路25号　邮编：110003）
印 刷 者：辽宁新华印务有限公司
经 销 者：全国新华书店
幅面尺寸：145mm×210mm
字　　数：200千字
印　　张：9.5
出版时间：2020年4月第1版
印刷时间：2020年4月第1次印刷
责任编辑：李　明
责任校对：高　辉
版式设计：徐春迎
ISBN 978-7-5470-5273-0
定　　价：39.80元
联系电话：024-23284090
传　　真：024-23284448

目录

序

陆小曼：她留下了一道风景

第一章

陆家有女初长成

本是一朵富贵花 9

骄傲的校园皇后 14

天生就是名媛范儿 19

我的婚姻谁作主？ 24

第二章

恨不相逢未嫁时

冤家路窄？ 35

徐志摩的『灵魂』之旅 41

一见倾心 48

金风玉露终相逢 54

渐入佳境 59

打一场爱情保卫战 69

1

第三章 相见亦难别亦难

听从了心灵的召唤 79

且行且珍惜 85

栖身大觉寺 91

因为爱，所以悲伤 96

好事多磨 108

『功德林』大摆鸿门宴 114

突出围城 121

第四章 有情人终成眷属

柳暗花明 127

梁启超的另类证婚词 134

硁石寻梦 143

谋爱更要谋生 150

灵魂好像不见了 157

再别康桥 163

泰戈尔在我家 168

第五章 为伊消得人憔悴

落荒而逃 181

诗人之死 189

我是天空里的一片云 197

哭志摩 202

生死两茫茫 214

编就遗文答君心 221

第六章 道是无情却有情

翁瑞午：不离不弃长相守 231

王赓：曾经沧海难为水 240

胡适：此情可待成追忆 250

第七章　莫道桑榆晚

活成了他想要的样子　274

最是难得几知己　266

人生总会有遗憾　259

附录

《爱眉小札》序　284

陆小曼年谱　279

小曼书法　289

陆小曼：她留下了一道风景

1

民国，中国历史上一个新旧交替的独特时代：是乱世，也是末世；仿佛是某种终结，却又仿佛是某种开始。

就是这样的一个时代，在文化界催生出了许多绚烂耀目的硕果，成就了所谓的民国范儿。那样的一个时代，不只频现军阀和枭雄，还盛产大师和才女。我们今天回首，依然还会惊艳于那些迷人的美和奇，怀念那些传世的才与情。

陆小曼，就是这个时代里一道"不可不看的风景"。

这是一个几乎和民国同时代的女子，一个和民国的那些事儿一起走进历史，也一起走进我们心灵和记忆的女子。

她生于富贵，长于富贵，锦衣玉食，无忧无虑；她是八死一生的宠女，花团锦簇，众星捧月；她不仅出身优渥，还早慧。

这样的一个女子，从一出生，就毫无悬念地引起了世人的瞩目。当时也许不会有人想到，她会出落成绝世佳人；没有人会想到，她日后会成为交际场上风头最劲的明星；更不会有人知道，她的到来，和徐志摩共同演绎了民国里的那一场刻骨铭心的爱情悲欢。

小曼的一生，是显赫传奇的一生，有着太多曼妙清丽的故事。她的一生，有着太多的苦和乐，也有着太多的迷和惑，有着只有她自己知道的哀和怨。

这个人见人爱的小女孩，长大后给世人留下了多少牵肠挂肚的故事和怀念？相信更多的人，是因为徐志摩才知道了陆小曼；也相信有太多的人，被他们的爱情感动之后，才相信世间真的会有这样的一份温情：你走进了我，我走进了你；无论天涯海角，无论多少年后，依然都会记得彼此，痴心不改。

陆小曼的一生，恰好可以一分为二：她的前半生，极尽恩宠奢靡，风光无限；她的后半生，极尽冷清自守，节俭用功。她的前半生，可谓莺歌燕舞，众星捧月；她的后半生，可谓门可罗雀，留下骂名。

生于富贵，不慕富贵，爱玩是她的天性；天生智慧，却也天性散漫，无拘无束的娇娇女，一切由着性子来，这就是早年的陆小曼。

她所有的温婉和任性，所有的可爱与刁蛮，所有的欢乐与哀怨，大都与此相关。

直到有一天，最爱她的那个人忽然不见了，他曾对她说："主的面前，爱是唯一的荣光。"

他的死成就了她的生，成就了她后半生的坚强和灿烂；

凄惨淡然的晚景里，她活成了他想要的样子。

她是绝代佳人，还是出墙红杏？她是知心爱人，还是红颜祸水？

陆小曼去世时，上无片瓦，下无寸土，无儿无女，无牵无挂。

那一片纷纷扰扰的历史里，她只留下了一道风景。

2

60余年的人生里，小曼经历了太多，从富贵到贫寒，从热闹到清冷，个中滋味，冷暖自知。

与陆小曼瓜葛最深的男子一共有3位：王赓、徐志摩、翁瑞午。

谁也说不清楚，哪一个爱她最深。

王赓爱得慷慨，他磊落的心胸可以原谅她的背叛，脉脉含情的眼里见不得她受一点委屈。他们"闪婚"而成佳偶，婚姻却只维持了不到四年。

徐志摩爱得浪漫，他可以用生命去追随她的笑颜，倾其所有只为那一句爱的诺言。他们一见倾心，5年之后，这段生死恋戛然而止。

翁瑞午爱得坚持，不求回报，只求厮守。他们相濡以沫，患难与共达33年之久。

而在陆小曼眼里和心里，他们的分量如何？

陆小曼和徐志摩大婚，王赓送来贺礼，附言"苦尽甘来方知味"。

徐志摩意外遇难，一去如飞，陆小曼自云"天长地久有时尽，此恨绵绵无绝期"。

翁瑞午不离不弃 30 多年，陆小曼最后只送给他 8 个字："只有感情，没有爱情。"

古人云：问世间情为何物？

有些事，我们真的很难看清楚，也很难说明白。

生活和爱情，理想和现实，哪一个更真实地让我们感动？

或许，我们可以作如下假设：

其一，如果陆小曼不是出生于那样的富贵人家，从小没有被如此娇生惯养、万般呵护，假如她只生在江南的寻常人家，会不会在柴米油盐酱醋茶的熏染中，和一坊间平常男子携手白头，一起走过尘世冷暖，尽享人生天伦之乐？可是，柴米油盐的生活离她太远，风花雪月的圈子才是属于她的天地。

其二，假如没有遇到志摩，小曼的人生会怎样？果真如此，她会和王赓白头到老，厮守一辈子吗？可以想象的是，如果可以，那样的一个女子也许根本就不是陆小曼了。那样的人生，小曼不情愿，也不甘心。

其三，假如志摩没有出事，情况会怎样？果真如此，他们彼此相见恨晚的情怀还能够延续多久？择一良人，终老此生，他们做得到吗？我们唯一可以知道的是，在直白残酷的现实面前，小曼的任性浪漫和志摩的诗意风流屡屡碰壁。相爱解决不了所有问题，身处尘世之中，谋生亦谋爱的尴尬和艰辛在两人之间演绎得可谓淋漓尽致。

所有的如果也只能是如果，所有的日子都不会重新来过，一切都是回不去的。或许，对于多才率性的小曼而言，任何一种假设都是多余，她只想由着自己的性子，活成自己想要的样子。

　　历史永远不可以被假设和复制，每一个人的人生也不可能有备份和预演。过去了就是过去了，无论缘起如何，发生了就是发生了。无论结局如何，只要肉身还在，就得随着日月向前走。

　　今天的我们，只能透过时空的帷幕，回头遥望那一片曾经热闹无比的风景，只能以一个后世旁观者的身份，来品味当年这个才华出众、美丽温婉的旷世佳人传奇而令人叹惋的一生。

3

　　胡适曾说，陆小曼是民国一道不可不看的风景。小曼的著名，其原因大概有三：其一，她是民国年间人见人爱的美女；其二，她是那一个时代里常人难以企及的才女；其三，小曼一生的感情生活里，有着太多让人唏嘘的经历，其中的纠缠和精彩，当以和徐志摩之间的生死恋为最。

　　陆小曼不好写，因为，她不是张幼仪，也不是林徽因。这三个和徐志摩都有着爱恨瓜葛的曼妙女子中，陆小曼在那一段历史上搅起的风浪最大，惹来的非议最多，带给世人的叹惋最深远。

　　无论生前还是身后，小曼都引起了太多人的瞩目，非议、谴责、同情、赏识，不一而足。当小曼随着命运的浮沉奋力挣扎以求内心的安稳，我们对其所思所想以及所作所为当作何评判或是体谅？

胡适还说，历史不是一位任人打扮的小姑娘。是的，无论对于历史，还是对于历史里的生命个体，我们都不应该肆意涂抹，随性而论。因为，那些事件发生时，我们既不在现场，又不是当事人，因此缺少设身处地的体会和关切。

所有的误解或者误判，都将有失历史的本真与公允。

对于陆小曼，也应该如此。

在一定意义上说，对于陆小曼，我们甚至无法做出一个公允恰当而真切的评判。时过境迁，我们任何简单贸然的认定，也许都会掩去了原本的真实和生动。

如今，百年已过，我们只是知道，百年之前，曾有一个名叫陆小曼的女子，用自己的倩影和过人的才情，卷起了一阵亦悲亦喜的民国风，留下了一道引人瞩目的人生风景。

诗画在人间，推心唯赤诚。但愿，这本小书里的文字，能够还原一个真实的陆小曼，见证一缕真实自在的魂灵。

如是而已。

第一章

陆家有女初长成

本是一朵富贵花

陆小曼原籍常州樟村。

陆姓是江南大姓，在常州地区，陆氏一族生息繁衍至今达两千年之久，从汉代的朝廷重臣陆贾，到宋代的著名爱国诗人陆游，陆氏一脉一直书香不断，志士仁人辈出。

樟村陆姓起源于先祖陆元光。

陆元光，号心水，北宋熙宁六年（1073）进士，授常州晋陵令。陆元光在任上颇有德政，清廉惠民，卸任之日，士民恳留，遂定居于常州东郊名胜"剑井"近旁的一个村落，安度晚年。

剑井，原是东晋名士葛洪驻鹤之地，据传这口井中有时会冲出一道白气，"亘天如虹"，时人以为此地"秀异所钟"，预示着将会有常州籍人士入阁拜相或者应试夺魁。此处樟树丛杂，望之如山中幽谷，陆元光因此以"樟村"为之命名。陆元光曾写《剑井记》，表达了要终老此地的意愿，从此，其后代在此繁衍生息，距今已有900余年，如今族众数千。

"仙游留鹤迹，人杰聚昌精。"樟村陆氏数百年来书香不断，代有闻人，入仕为官且洁己爱民之士众多。今天的樟村陆氏祠堂院中，有一块立于民国初年的石碑，记载了樟村陆氏的一支从晚清起走过的顺应时代、追求进步、探寻报国之路的曲折历程。

陆小曼的祖父陆荣昌，为晚清朝议大夫，为避太平军起义的战乱，举家从常州搬到了上海。战乱时节，陆荣昌慷慨解囊，以自己微薄之力，奋力赈灾济民，因此受到人们的极大尊重，去世后民国大总统黎元洪为他题写了"饥溺为怀"的匾额。

陆小曼的父亲陆定，原名陆子福，字厚生，少时聪慧，亦不负陆氏宗亲的期望，参加各种考试，每考必中，长辈因此替他改名为陆定，又字静安，号建三。陆定长得白白胖胖，敦厚和善，厚福之相，极像弥勒佛，一生命运也果然是通达稳健。一举中举后，陆定被清政府派往日本留学，在早稻田大学留学期间，曾是伊藤博文首相的得意门生，与曹汝霖、袁观澜、穆湘瑶等民国名流成为同班同学。留学期间，陆定满怀爱国热忱，加入了孙中山的同盟会，回国后又加入国民党。南京国民政府成立后，他活跃其中，跟国民党元老吴玉章、章太炎等人有着密切的关系，曾在财政部供职多年，历任司长、参事、赋税司长等职。后辞官下海，募集大量资金，成为"中华储蓄银行"的主要创办人，开我国银行界"零存整取"之先河，他因此资产倍增，成为显赫一时的豪门望族，府上高朋满座，往来无白丁。

陆小曼的母亲吴曼华，也是常州名门之后，祖上吴光悦做过清代江西巡抚。她多才多艺，古文功底深厚，陆定一度担任贵族学校的教师，这些王子王孙写的文章作业，陆定带回家中，大多由吴曼华帮助批改，可见她具有相当好的文字基础。江南烟雨的多年浸润，养成了吴曼华淡定而曼妙的气质；优裕正统的家风熏染，成就了她过人的横溢才情。吴曼华不仅因此成为江浙一带几乎无人不晓的才女，其言传身教对陆小曼的成长也有着莫大影响。比如，吴曼华擅长工笔画，陆小曼后来也潜心作画且天分极高，多有佳作留世，"小曼"两字也来源于母亲。当然，陆小曼母女二人接受的是两种迥然不同的教育，其人生理念也大相径庭。吴曼华一生恪守本分，相夫教子，以家庭为重；陆小曼则钟情诗意浪漫，热情开放，努力追求个人自由幸福。

就一个人的成长而言，其先天遗传的影响固然重要，而其后天环境的造就也许来得更为真切。在陆小曼曲折多彩的人生历程里，我们甚至会依稀看到这两种新旧不同的文化力量的牵绊和左右，小曼的人生理想和个人生活也时时因此陷入困顿和纠结。

除了富贵显赫的家世，在陆小曼惹人瞩目的，还有她的出生时间。

1903年11月7日，在上海市孔家弄的陆家，一个女婴诞生了。

这一天，正好是农历九月十九日，有些佛教常识的人便会知道，那是观世音菩萨出家成道日。在十里洋场的佛教徒都在为这个日子虔诚纪念的时候，这个名叫小眉的女孩来到了人世间。

小眉就是陆小曼。小眉是父母给陆小曼取的乳名，因为出生的日子特别，她还有个"小观音"的外号。

观音，又称观世音，俗称观音菩萨、观音娘娘，是佛教中慈悲和智慧的象征，无论在大乘佛教还是在民间信仰里，都具有极其重要的地位。在佛教供奉的诸多菩萨中，人们最熟悉、最感亲切的，恐怕就要数观世音菩萨了，每年的农历九月十九日，是观世音菩萨出家成道日，为佛教的传统节日，届时佛教的寺院都要举行隆重的法事。佛家讲论轮回因果，我们不知道，这样的一个日子里，小曼的到来，是一种巧合，还是某种因缘。我们当然无意故弄玄机，但小眉就是此时来到这个世上的，没有早一步，也没有晚一步。

无论如何，对这个家庭来说，小曼的到来，是欣喜的，却也是揪心的。陆家夫妇先后生了九个子女，小曼在家中排行第五，却也是这九个孩子中唯一幸存于世的，其他几个都先后夭折了。而且，小曼生来也是体弱多病，陆家夫妇对她的照顾和宠爱可想而知。

八死一生的宠女，显赫荣耀的家庭，这就是陆小曼初涉人生的第一步。这，是她的幸，还是她的不幸？

这种金枝玉叶般的自在生活，一旦它赖以存在的基础发生变化，寄生于其上的当事者又会怎样？

也许，多年以后，她所有的温婉和任性，所有的可爱与刁蛮，所有的欢乐与哀怨，大都与此相关。

在民国九年版《樟村陆氏宗谱》上，小曼以女儿之身名列其上，这是绝无仅有的，也可算是中国家谱史上的一大奇观了。

相较于陆小曼的出生，我们或许还应该知道的是，就在三年前，张幼仪出生；一年后，林徽因出生。三个不同凡响的女子，分别在不同的时间、不同的地点来到世间，共同演绎了民国里的那一场惹人瞩目的爱情悲欢。

骄傲的校园皇后

是的，出生伊始，小曼就是一朵让人羡慕的富贵花。

锦衣玉食，无忧无虑，父母为她提供了常人无缘享受的精致生活；花团锦簇，众星捧月，在保姆和家人的细心呵护下，小曼幸福快乐地成长着。

小曼的童年生活里有个关键字：宠。宠字下面一条龙，她刚好别名小龙。天真烂漫，漂亮乖巧，一双不大却如玉如水的眼睛，望你一下就会让人心软，想要什么就给什么。谁又能想到，就是这个人见人爱的小女孩，长大后给世人留下了多少牵肠挂肚的故事和情怀。

稍大一点的时候，小曼被送进了上海的幼稚园接受教育。

在此之前，中国历代没有幼稚园，然而幸运的是，1898年2月英国长老会在福建厦门创办幼稚师资班，并附设幼稚园，之后又陆续在各地设立了此类学校。陆小曼出生的前一年，上海也有了幼稚园，就好像这个幼稚园是为她特意安排的。

6岁时，父亲矻定就职北京，陆小曼随母亲从上海迁到北京，很快就被送进了北京女子师范学堂附属小学，开始了正规的学校生活。

父亲在外为官，陆小曼的教育重任更多地落到了母亲身上。对于陆小曼这棵独苗的成长，吴曼华早就计划好了一切。

她要把女儿培养成社会名媛！

除了外在的培养，丹青笔墨，古文诗书，一个都不能少。

一个六七岁的孩子，身体瘦弱，撒娇玩闹的年纪，如何应对这殷殷期望和栽培？是迫于父母之命，还是与生俱来的喜欢？

也许有时是出于对母亲的几分畏惧，年幼的小曼才埋头于诗书丹青，一有机会，她还是喜欢呼朋唤友去外面疯跑，或者带头和小伙伴们干干坏事。这时的陆小曼，除了在家长的安排下认认真真地完成每日的功课，除了偶尔调皮贪玩，有时候却也是机敏伶俐的，十岁的时候，父亲陆定因此躲过一劫。

袁世凯当政时，为了排除异己，下令解散国民党。陆定是每天都戴着党章到部里去上班的，有一天收拾好刚要出门，小曼忽然一本正经地对他说："这都什么时候了，您还把党章戴在身上？多危险呀，还是摘下来收好吧！"久经政事的陆定恍然大悟，在女儿的提示下，赶紧把党章摘下来收好了。当天陆定被警方传去问话时，警察搜身，没有发现他的党章，小曼的一句话让父亲转危为安。

接下来，搜身未果的警察在夜里到陆家进行了一次突击搜查，企图能从陆家搜寻到陆定和国民党往来的书信等证据，却不料早已被吴曼华收好了。于是，他们打算从一个孩子身上入手，转身盘问小曼："你爸爸的书信经常都放在什么地方呀？"

母亲万般着急，却又不能言表，只能佯装镇静，在内心祈祷。陆小曼望着警察那不怀好意的笑脸，漫不经心地答道："爸爸的书信公文向来是放在办公室里的呀。"

警察还是不肯放过，又追问："那私人信件呢？"

"你们翻出来的不都是吗？"小曼指着他们看过的一堆书信说。

警察无奈地拽了拽帽子，气恼地收队了。

由于没找到什么证据，陆定不久在许多人的联名保释下被释放回家。关键时刻，机灵的陆小曼再次让父亲化险为夷，否则，陆家的命运真的就不好说了。

从此，陆定夫妇对这个柔弱调皮而又伶俐的女儿刮目相看，也更加疼爱了。而万般宠爱之下，随着年龄的增长，有时候小曼又实在按捺不住那颗草长莺飞的心。据说，有一段时间，小曼和仆女们玩耍嬉戏，耽误了学业，陆定一时气恼，竟用手掌打了她几下。第一次挨打的小曼居然不哭不闹，从此安安静静地读书，再也不随意与女仆胡闹了。

从9岁到14岁，小曼一直在北京女中读书。

北京第一女子中学成立于1912年，当时所开设的课程非常丰富，既有中式的传统精华，又有开放的西方知识。中西合璧，东西交融，优裕的家境，优良的教育，不知不觉中，小曼长大了，如含苞待放的花朵。

15岁时，陆小曼被父母不惜重金送进了圣心学堂。

这是一座由法国人开办的学校，是专门为居住在中国的外国子弟开办的，只有少数有特权的中国人才能把自己的孩子送进来。当时北京军政界部长一类的官员家的小姐有许多在圣心学堂读书，圣心学堂一时名媛云集，声名赫赫。就读于名校，这是培养名媛淑女的首要条件，陆定要让自己的女儿与这些权贵千金为伍，享受到同样好的教育。

圣心学堂的课程，也是专门为培养上流社会的绅士名媛设置的，有英文、法文、钢琴、油画等。西式教育方法、西式教育内容、新鲜的风潮、先进的思想，恰好给所有处在花季的少男少女们一个自由而充分发展的空间。进入圣心学堂后，生性聪慧的小曼如鱼得水，学习更加勤奋用功，学业大有长进。

在母亲的悉心培养下，小曼已经有了深厚扎实的中国传统文化素养，唐宋诗词的灵动，华夏丹青的静美，无一不在陆小曼洁白无染的心智底色上留下了烙印。小曼的绘画功底，同样得益于母亲的熏陶，现在开始接触油画，凭着她过人的悟性，很快掌握了东西方绘画的要领与画风特点。她的画作因融合了中西方绘画的特点，而表现出耐人寻味的特色，因此在学校时就已受到大家的盛赞了。一位来圣心学堂参观的外国人，为了求得一幅当时还是学生的陆小曼的山水画作，支付了200法郎，以资助圣心学堂办学。

圣心学堂里的陆小曼，除了绘画上的闻名遐迩，朗诵、演戏也一样拿手，让人惊叹。另外小曼还能写一手漂亮的蝇头小楷，弹得一手好钢琴。当然，小曼也爱极了舞蹈，她一进入舞池，仿佛一只美丽的蝴蝶翩然起舞。而为了学习外语，陆定夫妇又专门请来了家庭教师，小曼十六七岁时，就已精通英、法两国语言。

婉约的江南，给了她灵秀活泼；壮美的北国，又赐予了她秀丽端庄。天生丽质的陆小曼，如一缕清风，在圣心学堂掀起了阵阵波澜，成了人人仰止的校花，被称为"皇后"。她到剧院观戏或到中央公园游园时，常有追随的中外大学生"护花"左右，有时竟多达数十人，或给她拎包，或为她持外衣，而她则一派高傲，像个骄傲的公主，风光至极。

　　学生时代的陆小曼，才能出众，含苞欲放，初显魅力。陆小曼的父母给了她想要的一切和他们所期望的一切，早慧的陆小曼也把这些异于常人的禀赋发挥得淋漓尽致。在那一段激荡不已、新旧交替的历史上，小曼已然成为一道美丽迷人的风景。

天生就是名媛范儿

17 岁时，陆小曼已经出落得亭亭玉立、仪态万方，加上她精通英法两国文字，而且能歌善舞，兼擅京、昆两种戏曲。大有名媛风采的陆小曼，出席北京各种大型活动时，真的给父亲挣足了面子。

风华正茂，年少有成，对于当时的陆小曼而言，一般意义上的社交场合或许真的太埋没她的才华了，意气风发的她需要一个更加为人瞩目的舞台展示自我。不久，这样的机会便到了。

在北京的街巷中，有一条街叫外交部街，因北洋政府外交部设于此而得名。当时外交部急需一个年轻的女翻译接待外国大使，外交总长顾维钧到处找不到合适人选，有人向他推荐了陆定的女儿陆小曼。

顾维钧，毕业于美国哥伦比亚大学，是中国近现代史上最卓越的外交家之一。1919 年巴黎和会上，面对西方列强的不平等条约，顾维钧拒绝签字，为维护中华民族的权益做出了贡献。值此国家用人之际，虽然对方推荐的是老友陆定的千金，顾维钧还是有些犹豫。

"外交无小事，一个 17 岁的女孩，且还是在校学生，能担当如此重任？"顾维钧提出了自己的疑虑。

"绝对能，那孩子大方得体，精通外语，我见过几次。"推荐者言之凿凿，语气相当肯定。

"好，先试试吧。"顾维钧勉强同意了。

不想，见面后，陆小曼落落大方，一连串的法语、英语讲下来，顾维钧相当惊讶，不由得当着陆定的面说："建三啊，你这模样一点都不咋地，怎么生了个这么聪明漂亮的女儿啊？"陆定听后傻呵呵地乐着，胖乎乎的脸笑成了一朵花。

于是，陆小曼成为外交部的临时成员。

凭着出众的外语水平和超人的名媛风采，陆小曼接待外宾时彬彬有礼，分内工作做得有声有色。不过，在一些特殊情况下，陆小曼有时候也很有些小姐脾气。

有一次，法国的霞飞将军在检阅我国仪仗队时，看到仪仗队的动作不够整齐，便努着嘴巴调侃道："你们中国的练兵方法大概与世界各国都不相同吧，姿势如此千奇百怪！"陆小曼灵机一动，用法语随意答道："哦，没什么不同，大概因为您是当今世界上有名的英雄，大家见了心情激动，所以动作乱了。"陆小曼巧妙有趣的回答，不由令这位著名的法国将军对她刮目相看。

陆小曼经常陪同外宾观看属于国粹的文艺表演，可外国人往往不太喜欢我们的节目，或者我们的节目有时也不够精彩，有些外宾就会毫不客气地抱怨说："这么糟糕的东西，怎么可以搬上舞台？"陆小曼虽然也知道节目水准不高，不能让外宾满意，但她还是要回敬几句，杀杀外国人的威风，于是不亢不卑地说："就像不是所有人都懂得欣赏法国的歌剧一样，这些都是我们国家的特色节目，只是你们看不懂而已。"外国人听后无言以对，只好耸耸肩了事。他们见识了这个小女孩的厉害，不仅没有对她反感，反而对她多了几分尊重，以后的关系也融洽了许多。

在一次外事活动的一个重要的宴会上，外国人趁着酒兴捉弄中国人的孩子，拿烟头把孩子手里的气球"嘭"的一声点爆了，把孩子吓哭后却哈哈大笑："中国孩子就是胆小。"孩子的父母无奈地看着他们的行为，只好安慰自己的孩子。小曼这时微笑地走到外国孩子身边，拿起一支香烟，优雅地弯下身，也"嘭"地点爆了他们的气球，把外国孩子吓得哇哇大哭。全场的嘉宾目瞪口呆，小曼一脸天真，假装无辜地对外国人说："原来外国孩子的胆子也不见得有多大嘛！"

是的，那一年，小曼才17岁！在许多人看来还是孩子的年龄，陆小曼就经常被外交部邀请去接待外宾，担任口语翻译，参加外交部举办的舞会等。陆小曼日常的外交翻译生涯中，屡屡显露出她机警、爱国的一面，展现了她个性中的反抗和对国人尊严的维护。不辱使命，有礼有节，外貌俏丽，聪慧机敏，才华横溢，陆小曼理所当然地成了外交部的社交明星。据说，北洋政府外交机构当时常常举行交际舞会，小曼是跳舞能手，假如这天舞池中没有她的倩影，几乎阖座为之不快。就是中外女宾，也是以与其畅谈为快的。

陆小曼因此名声大涨，北京社交界上层场所聚会往往会请她出席，连她的父亲陆定被人请的频率都多了不少，爱屋及乌，他们的目的，无非是想让他带上女儿。当时北京流传着这样的段子：谁家组织开派对要是把陆小曼请来了，主人就会觉得很有面子；若是没请到，来宾就会认为主人混得比较差。暗中滋长的攀比之心，让京城的达官贵人们都以与陆小曼的父亲陆定关系亲密为荣，陆小曼也因而与当时上海名媛唐瑛并称"南唐北陆"。

含苞待放的美丽，过目不忘的聪颖，陆小曼是上天眷顾的宠儿。8个兄弟姐妹都不幸夭折后，父母将万千宠爱都给予了这唯一的掌上明珠。她是标准的被"富养"的女儿，性情骄纵，但是单纯可爱。陆小曼喜欢漂亮的衣服、精致的菜肴，爱跳舞、听戏、打麻将。当时与她齐名的上海名媛唐瑛曾这样写陆小曼的生活：

"她有十口镶金大衣箱，昂贵的裘皮大衣挂满大橱；最喜欢的一件旗袍，上面镶满红宝石和金丝线；有专配的裁缝；但凡法国贵族小姐所有，她一应不缺……时髦和前卫水平，旁人无法企及。"

1924年，在协和医学院的礼堂，为庆祝印度诗人泰戈尔来华，北京学界特意为他演出他的诗剧《齐德拉》。剧中林徽因饰公主齐德拉，徐志摩饰爱神，陆小曼当时也在协和医学院礼堂。不过，徐志摩正心系林徽因，和陆小曼仅仅擦肩而过，他们的生死恋还没有开始。这场演出，陆小曼不是演员，而是职员，她站在礼堂门口，专司发售演出说明书。当时的情形，一位叫赵森的年轻人作了如下回忆：

"在礼堂的外部，就数小曼一人最忙，进来一位递上一册说明书，同时收回一元大洋。看她手忙脚乱的情形，看她那瘦弱的身躯，苗条的腰肢，眉目若画，梳一丝不乱的时式头——彼时尚未剪发——斜插一枝鲜红的花，美艳的体态，轻嫩的喉咙，满面春风地招待来宾，那一种风雅宜人的样子，真无怪乎被称为第一美人。"

赵森的回忆，刻画出了一个娇艳迷人的陆小曼。从这些资料中，可以一窥陆小曼青春年少的绰约风姿。

天生就是名媛范儿，渐渐成人的陆小曼却不世故、不掩饰，也不讨巧，只是尽心尽意地活出了自我。她的美丽与可爱，就像花园里一枝恣意盛开的花朵，让人不忍打扰和修剪。她经历了许多事，见过了许多人，她日后的任性、纵情的豪奢，也与她的经历见闻有关。她成为我们所知道的陆小曼，不独是她个人的原因。她的家庭、学校、工作，她所经所见的人和事都一起"发酵"，最终成就了让人又爱又恨、又怨又怜的"陆小曼"。或许，她后来的人生悲剧此时便已埋下伏笔。

无论如何，她的多才多艺，她的热情大方、彬彬有礼，她的明艳笑容、轻盈体态和柔美声音，足以令无数人倾倒。

无论如何，小曼有着太多的宠爱和太好的天赋，一切都是那样称心如意：疼她爱她的父母，早已经为她安排好了一切，鲜花遍地，前程似锦。

我的婚姻谁作主?

诗意年华，青春浪漫，1922年，陆小曼19岁了。

这时的陆小曼，真的像春天里一朵待放的花蕾，意气风发，娇艳迷人。除了可心任意的幸福快乐，除了那些无拘无束的美丽岁月，陆小曼的生活却渐生烦恼，因为，她到了女大当婚的年龄。窈窕淑女，君子好逑，陆家有女如斯，来提亲的人，简直要把门槛踏破了！

对方不是名门就是望族，而且来提亲的人知道陆定好吃，送给他的礼物也是五花八门且相当高级的食材，塞北的鹿茸、东海的扇贝、江南的黄鱼、西域的驼峰，都是成箱成柜地运来。陆定的确是一个有定力的人，没有被这些人的花言巧语和糖衣炮弹给迷惑住。他很瞧不起这些"富二代"，因为他觉得那些富家子弟的全部人生基本上就是游手好闲、无所事事；他也看不上那些所谓的"官二代"，因为他们基本上就是纨绔子弟，他们的最大能耐就是惹是生非，而且，老子英雄，儿子未必，何况在那样一个纷纭迷乱的时局里，类似的例子太多了。宦海沉浮、身居要职的陆定当然明白这一切；或者，这些貌似光鲜帅气的公子哥里，即便忽然冒出几个有点才华的，也大多是喝花酒、捧戏子的主儿，根本不可能托付终身。

据说，陆定整天笑眯眯，脾气特好，可是，他绝不是一个随随便便的人，尤其在陆小曼的婚姻大事上。无论如何，他要精挑细选，给自己找一个称心的乘龙快婿，给女儿找一个靠谱的如意郎君。

千挑万选，一个人终于进入了陆定夫妇的视线。

这个合适的人选，就是王赓。

王赓的胜出，有足够充分的理由。

王赓，1895 年生，江苏无锡人，本是官宦子弟，到了他这一代，家道中落，遂发奋求学，"弃绝一切嗜好，立志苦读"，期望重振门庭。因学业成绩非常突出，1911 年从清华大学毕业被保送美国留学，和他一道留学的，还有金岳霖。

王赓最初入密歇根大学，不久改入哥伦比亚大学，后到美国普林斯顿大学读哲学，1915 年获普林斯顿大学文学学士学位。同年，王赓受到美国西点军校的约谈，到那里接受美国陆军高等教育。王赓入读的精英班只有 5 个人，几个同窗可谓情同手足，其中我们最为熟知的就是艾森豪威尔，后来成为第二次世界大战欧洲盟军统帅，美国第 34 任总统。

1918 年 6 月，王赓以全校第 12 名的优异成绩毕业回国。

在当年的中国，如此优秀杰出的人才，在 20 世纪初应该仅此一例，因此，王赓刚回国就受到各方面的青睐。

王赓先在北洋政府陆军部任职，1919 年巴黎和会召开，中国代表团团长陆徵祥急需通晓西方事务的军事专家协助，王赓受邀担任了巴黎和会中国代表团武官兼外文翻译，从此声誉鹊起。年少得志的王赓深受西方文化的熏陶，兼之文武全才、仪表堂堂，在当时北京的社交圈子中很是惹眼，被誉为"民国第一帅哥"。

在法国的时候，王赓认识了在巴黎和会外围奔走呼吁、为国争权的著名民间代表梁启超。梁启超很欣赏他的人品和才华，收其为弟子。归国后，王赓升任航空局委员，1921 年升职为陆军上校。此时，割据四方的诸侯都想把王赓召入麾下，奉天的张作霖、江西的孙传芳等屡次重金相邀，各种势力都想把他"抢"到手。短短几年时间，王赓步步高升，可谓前途无量。

这样屈指可数的人才，小曼父母当然看好，因此，当忽然有一天，陆定的好友唐在礼夫妇将英俊挺拔的王赓领到他们面前时，陆定夫妇不禁眼前一亮：就是他了！

就是他了？小曼愿意吗？

相貌英俊，谈吐不俗，丝毫没有纨绔子弟的不良嗜好，虽然家境差一些，不过小伙子自身优秀，以岳父家的财力和社会地位作铺垫，假以时日成就一番事业想必不难。陆定夫妇的眼光，可谓独到、精准、深远，陆家有理由相信，王赓会给他们的宝贝女儿带来快乐和幸福。曾有人如此描绘吴曼华看女婿：

"……小曼之母，看到有这种少年英俊，认为这是雀屏中选的最理想人物，虽是王赓年龄长小曼 7 岁，她偏说他这穷小子将来一定有办法的，毫不迟疑地，便把小曼许配了他。"

无论如何，小曼母亲不愿再等，相信自己的选择不会错，一心要玉汝于成。两人从认识到结婚，前后不足一个月，人

黛玉葬花

秋心对月

小曼画作

花神图

小曼画作

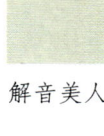

鳥山雲生日轉欄海風吹面羨寒尖春明玉色道蘚澤夜宅珠光入鏡查蟻浮駕鴛成綠鵒款成鸚鵡啄紅梢
小蔓陵有摹古

解音美人

摹古侍女

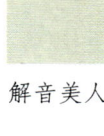

小曼画作

蓬莱仙境

称"闪电结婚",时髦透顶。

于是，1922年10月10日，在北京金鱼胡同的海军联欢社，小曼和王赓举行了盛大的婚礼。

女婿家穷一点不要紧，人品好、有前途是最重要的，因此结婚的一切费用几乎都由陆家承担。陆定大张旗鼓，其仪式之宏大，场面之阔气，轰动京城。

陆定要让女儿风风光光地嫁出去，当时的报纸有如下登载：

"光女傧相就有九位之多，除曹汝霖的女儿、章宗祥的女儿、叶恭绰的女儿、赵椿年的女儿外，还有英国小姐数位。这些小姐的衣服，也都由陆家定制。婚礼的当天，中外来宾数百人，几乎把'海军联欢社'的大门给挤破了。"

一直耳闻陆小曼的风华绝代，很多人却没有机会一睹芳容，小曼当年的惊艳出场，可谓民国里一段美丽迷人的佳话。

他，为她而来；她，无处躲闪。

她，似懂非懂；他，如愿以偿。

一生只为那一天，就这样，王赓走入了陆小曼的故事。

无论如何，在父母的安排下，初涉人事的陆小曼风风光光地嫁了。

皆大欢喜，一旁的吴曼华心满意足，眯着一双美目，微笑着。

一个是名动京师的名媛，一个是平步青云的才俊。小曼和王赓的结合，尽管有些包办婚姻的意思，但到底也算是一桩美事。从今往后，王赓理应奔他的将军路，小曼理应做将军夫人，铁汉柔情，堪称绝配。

郎才女貌，绅士淑女，完全按照陆定夫妇的标准，完全符合当时盛行的婚姻模式。可是，即将来临的新生活里，小曼会一如往日得幸福快乐吗？

　　既见君子，云胡不喜？也许是太突然，也许是母命难违，整个过程，小曼却仿佛是一个旁观者，远远地望着这一切。

　　一张非圆非方的脸，细长的眼，鼻尖有一些翘，看上去有些严肃，也有些俏皮。王赓，应该还好吧。

　　小曼端详着，无太大感觉，但也想不出什么拒绝的理由。

　　一起牵手的这个大男孩，是小曼今生要找的那个人吗？

　　同年，徐志摩却正忙着和张幼仪办理离婚手续。不久以后，他和陆小曼一见倾心，共同演绎了民国里又一道迷人的风景。

第二章

恨不相逢未嫁时

冤家路窄？

一场轰轰烈烈的婚事之后，19 岁的陆小曼风风光光地嫁了，做起了颇让时人仰慕的"王太太"。

学，自然是用不着上了，小曼不得不离开了带给她无限欢乐的圣心学堂，作为一个女人，此后就应该学着做一个贤妻良母；外交部的事当然也是不能做了，如果还如此抛头露面，那像什么样子？

相夫教子，安分守己，这才是一个女人的本分，才是好太太。

可是，这样的婚后生活，一度青春飞扬的小曼过得来吗？她那一颗被众人娇纵惯了的心扉关得住吗？

或许，率真优雅的陆小曼会浪漫地以为，这一场惹人瞩目的婚礼，会是她美丽人生的开场，那天一起牵手的那个男子，会从此成为她命中等待的宿命。或许，之前的她永远也不会想到的是，短暂而甜蜜的蜜月过后，小曼发现那些快乐的时光一晃而逝，留给她的都是挥之不去的孤独寂寞。

无论如何，小曼已不再是母亲辈眼中的名媛淑女，她接受了现代的西式教育，受到西风的长久熏染，又涉足交际界多年，过惯了如明星般被追捧的生活，懂得什么是快乐和飞扬，也有了自我的启蒙，让她再回到家中，像笼中鸟一样生活，已经不太可能。

对于天生聪慧的小曼而言，一个觉醒了的女子，活着已不仅仅是为了丈夫和孩子，她还要活出一个真正的自己，还要找到快乐的感觉。陆小曼曾在日记中写道：

> "她们（母亲）看来夫荣子贵是女子的莫大幸福，个人的喜、乐、哀、怒是不成问题的，所以也难怪她不能明了我的苦楚。"

是的，忽然落入婚姻中的小曼是痛苦的。金玉良缘，新婚燕尔，最初的美好和热情之后，小曼却倍感冷落和失望。外面满园春色，王家却一片冷清；外面的世界很精彩，小曼却要一人独处。

过惯了万人瞩目的社交生活的陆小曼，突然间结束了繁闹的生活，走进了现实的婚姻，她是耐不住寂寞的。社交生活已经成为她不可或缺的一部分，没有这一切，便活不下去了。

王赓每天忙于公务，早出晚归，极少有时间陪伴小曼。这位西点军校毕业的高才生，在美国生活多年，一切都按西式的工作方式行事。什么时间工作，什么时间娱乐，泾渭分明。周一至周六只能工作，绝不娱乐，他的行为刻板到苦行僧的地步。磊庵在《徐志摩和陆小曼艳史》中描述道：

> "谁知这位多才多艺的新郎，虽然学贯中西，却于女人的应付，完全是一个门外汉，他娶到了这个如花似玉的漂亮太太，还是一天到晚手不释卷，并不能分些工夫去温存温存。"

王赓薪酬多多，供养得起陆小曼的优裕生活。或许在他看来，这真的是值得自豪的，可是陆小曼生在富贵，长在富贵，眼高过顶，对他赚来的金钱并没有什么概念。在所有人的眼中，他是一个尽职的军官，对他的印象都十分好。在别人看来，小曼应该支持男人，为自己拥有这样的男人骄傲和自豪。但陆小曼偏偏不是这样传统、刻板的女人，她希望丈夫多关心、体贴自己，多分一点时间陪伴自己，不仅仅是一个工作的机器，而自己也不仅仅是一个花瓶和摆设。可是王赓太忙了，把这样一个如花似玉、喜欢热闹、受人追捧的女人扔在家中，不过问她的感受，小曼当然不高兴了。

以世俗的观点来看，陆小曼父母的眼光的确不错，王赓堪称一位杰出的乘龙快婿。可惜的是，这样的婚姻组合真的太不符合小曼的心愿了。王赓的成就充分说明，在智商方面，他绝对没问题；但在情商方面，王赓是有问题的。正是因为这样的低情商，造成了他与陆小曼的婚姻悲剧。

正如人们预期的那样，年少有成的他一定会前程似锦，结婚后的第 3 年，1924 年年底，王赓便被任命为哈尔滨警察厅厅长。

王赓到哈尔滨走马上任，要求小曼一同前往。也许是名气太大了，陆小曼要来哈尔滨的消息不胫而走，人还未到，哈尔滨的街头巷里就贴满了她身着曼妙旗袍的海报。王赓不喜欢声张，却仍感觉脸上有光，有妻如此，夫复何求？

在哈尔滨的日子，王赓仍然每天忙着警察厅的公务，两人虽然同住一个屋檐下，却常常见不到面。往往王赓走了，小曼还没有起来，王赓晚上回家时，小曼却已经沉睡多时。

第二章 恨不相逢未嫁时 | 37

日日思君不见君，这不是陆小曼心中所期待的婚姻。当夜幕降临这座这北国冰城，小曼总是郁郁寡欢，生活忽然没有了方向和目标，也没有了温暖和依靠。可偏偏王赓不解风情，每日依然早出晚归，忙于没完没了的公务，留小曼独守空房。

回北平！

日复一日的无聊单调，她的耐心一点点被消耗。极度的忍耐之后，小曼心中忽然跳出了这个想法。

是的，回北平，那里才是自己的乐园，是自己天性得以释放的地方。

小曼跟王赓说了她想回北平的想法，她不愿一个人在这干冷的东北守着一个阴冷的空房。若王赓略解风情，一定能听出那不过是一个女人在暗自发泄心中的不满和对他默默地抗议，可王赓偏偏不是。

听到她的要求，王赓只是一愣，便望着她，点点头，同意了。

只要小曼高兴！王赓的低情商，终于没能理解小曼的良苦用心。

小曼是失望的，她原以为王赓会挽留她，但是他没有。王赓走后，小曼坐在床头，泪光点点。

其实，王赓心中又何尝舍得，他已经记不清有多少次，每当他忙完公干深夜到家，都看见小曼趴在桌旁睡着了。他何尝不知道自己应该多陪陪她呢？但是人在官场之中，很多事情他也身不由己。

是的，只要小曼高兴！王赓当然愿意，虽然心中也有万般的难舍。或许，这就是王赓当时能够做到的了。

于是，小曼回到了北平，从此两人便过上了南北分居的日子。

我们大可不必怪罪王赓只是一介武夫，应该说，王赓是爱她、疼她的，只是有些不解风情；或者，他只是很忙，很上进，在自己选定的事业上努力着。

我们也不必指责陆小曼天性风流，她只是有着与生俱来的率真浪漫，期盼着一种流光溢彩、诗性快意的生活。

他们两个，既不以爱情开始，又不能在婚姻中让爱情之花慢慢绽放，注定不是良缘。对于这一段并不快乐的婚后生活，陆小曼在后来的回忆中如是写道：

> "奉了父母之命媒妁之言同别人结婚了。虽然当时也痴长了十几岁的年龄，可是性灵的迷糊和稚童一般。婚姻后一年多才稍懂人事，明白两性的结合不是可以随便听凭别人安排的，在性情与思想上不能相谋而勉强结合是人世间最痛苦的一件事。"

或许，两人都没有错，他们只是冤家路窄，同在一个天空下，却宛如两个世界的人，一个古板正统，一个诗意随性，彼此相对，互相不懂。对小曼而言，这样的相处，不是日久生情，而是日久生厌，时日愈久，他们之间的分歧愈大，争吵愈烈。正是在陆小曼对这种无味的婚姻生活快撑不下去的时候，同样诗意浪漫的徐志摩出现了。无疑，徐志摩的出现，加速了陆小曼这一段不幸福婚姻的幻灭进程。

世上事，真的说不清幸还是不幸。陆小曼嫁得良人，却因此落了个满心的不愿意。她需要一个了解她、安慰她、欣赏她、陪伴她的知己。在不更世事的年纪，初尝婚姻的滋味之后，志摩成了她追求理想爱情生活的救星。

或许，这样的遇见，小曼已经期待了许久。情意相投的两人一经相遇，便再也不能自已。相见恨晚，一发而不可收，相知相许的两人，从此陷入了爱河。

于是，陆小曼人生里的另一个冤家出现了。

不错，他正是徐志摩。

徐志摩的"灵魂"之旅

1897 年 1 月 15 日，徐志摩出生于浙江省海宁县硖石镇。

硖石自古人杰地灵，民风淳厚，名人辈出。徐志摩的父亲徐申如是清末民初的实业家。徐氏世代经商，徐申如早年继承祖业，独资经营徐裕丰酱园。1897 年，他合股创办硖石第一家钱庄——裕通钱庄，后又开设人和绸布号，成为远近闻名的硖石首富。在浙江和上海的金融实业界，徐申如拥有极高的声望和地位。

徐志摩是徐家的长孙独子，按族谱排列，徐志摩生来取名徐章垿。据说，小时候有一个名叫志恢的和尚，替他摩过顶，预言"此人将来必成大器"，其父望子成龙心切，后即替他更为此名。在父亲强有力的物质支持和殷切厚望下，无忧无虑的他读万卷书、行万里路，潇潇洒洒，一路前行。

1908 年，徐志摩在家塾读书，进入硖石开智学堂，师从桐城派古文家张树森，打下了深厚的古文根底，成绩总是全班第一。

1910 年，徐志摩满 14 岁时，考入杭州府中学堂，与郁达夫同班。这位从硖石走出的富家子弟，越发表现出异于常人的聪慧和志趣。他爱好文学，在校刊《友声》第一期上发表论文《论小说与社会之关系》，认为小说有裨益于社会，"宜竭力提倡之"，这是他人生的第一篇作品。同时，他对科学也颇有兴味，发表了《镭锭与地球之历史》等论文。

1915 年夏，徐志摩考入上海浸信会学院暨神学院（沪江大学前身，现为上海理工大学），同年 10 月，由家庭包办，与上海宝山县罗店巨富张润之之女张幼仪结婚。徐氏家族对这桩门当户对的婚事非常满意，徐志摩开始不肯，后来祖母哀求，他才忍痛成婚。两个人既不了解又无爱情，徐志摩的态度是"媒妁之命，受之于父母"，对这门婚姻，他不过是顺从长辈愿望完成使命而已。结婚不久，徐志摩就离开硖石镇去北洋大学、北京大学求学，家里留下张幼仪侍奉公婆。

在北方上大学的两年里，他的生活增添了新的内容，他的思想注入了新的要素。这一时期，他广交朋友，结识名流，由妻兄张君劢、张公权介绍，拜梁启超为老师，还举行了隆重的拜师大礼。梁启超对徐志摩的一生影响是巨大的，他在徐志摩的心目中的地位是举足轻重的，但他们二人的思想差别也是存在的。已经接受了西方民主自由思想的徐志摩，除了义无反顾的浪漫诗性，他还志在追求他的理想人生，争取婚姻恋爱的自主和自由。

1918 年，徐志摩的长子徐积锴（阿欢）出生，父亲徐申如认为他将子嗣的问题解决了，便准许他负笈海外留学。不久，徐志摩辞别家人，前往美国克拉克大学攻读银行学和社会学。

1920 年徐志摩由美转英，在伦敦政治学院求学，结识正在游历的林长民、林徽因父女。他乡逢知己，徐志摩与林长民一见如故，很快成了无话不谈的忘年交。在看到林徽因时，徐志摩马上为这个冰雪聪明的美丽女孩所倾倒，从此开始了热烈痴情的追求，好像完全忘记了自己是有妻室的人。在徐志摩眼里，只有令人魂不守舍的林徽因，举止端庄、贤良坚毅的张幼仪简直就是"乡下土包子"，呆板乏味，毫无灵性，死气沉沉。他一天也不想和她待在一起，非常希望离婚，以寻找他想要的自由和幸福。

1921年，林长民介绍徐志摩认识了英国作家高尔斯华绥·狄更生，并在狄更生的推荐下以特别生的资格进了康桥大学（现剑桥大学）皇家学院。后来，也是狄更生引荐他与罗素大师见了面，开始了书信联系。

在剑桥两年，徐志摩深受西方教育的熏陶及欧美浪漫主义和唯美派诗人的影响，开始创作新诗，他那轻灵的气韵，浪漫的情怀得到了淋漓尽致的诠释。从此，完全诗意的信仰，成为他一生的追求。徐志摩日后回忆剑桥时，忽然发现"我这辈子就只那一春"，他曾满怀深情地这样写道：

"……我的眼是康桥教我睁的，我的求知欲是康桥给我拨动的，我的自我意识是康桥给我胚胎的。

"我在康桥的日子，可真幸福，生怕这辈子再也得不到那样甜蜜的洗礼。"

林徽因是1904年生人，比徐志摩小了8岁。徐志摩常常去林长民家中造访，成为林家的常客。徐志摩天生的诗人气质，崇拜爱与美，现在他发现了林徽因，认为自己找到了梦寐以求的东西，找到了创造的原动力，而徐志摩俊朗的外表、风雅的谈吐也让林徽因深深着迷。他们之间经常通信，彼此都觉得非常美好愉快。

差不多一两天，徐志摩便寄出一封信，那些信全都是寄给林徽因的。几乎所有的信，满纸都是让一个17岁的少女脸热心跳的句子：

"也许，从现在开始，爱、自由、美将会成为我终其一生的追求，但我以为，爱还是人生第一件伟大的事业，生命中没有爱的自由，也就不会有其他别的自由了。

"当我的心为一个人燃烧的时候，我便是这天底下最幸运又是最苦痛的人了，你给予我从未经历过的一切，让我知道生命真是上帝了不起的杰作。

"如果有一天我获得了你的爱，那么我飘零的生命就有了归宿，只有爱才可以让我匆匆行进的脚步停下，让我在你的身边停留一小时吧，你知道忧伤正像锯子锯着我的灵魂。"

那些日子，林徽因总是被徐志摩的信折磨得辗转难眠。对于徐志摩的热烈追求和林徽因的兴奋回应，林长民完全看在眼里，虽然他们父女对徐志摩颇有好感，但林长民却另有考虑。

徐志摩是结了婚的人，林徽因同样有婚约在身。在国内时，梁启超和林长民就商议林徽因和梁启超长子梁思成订婚，因他们年龄太小，双方家长只是订了口头婚约，以后长大些再正式订婚。

徐志摩可以成为好朋友，但是当女婿的话，林长民则甚觉不妥。如果插足徐志摩的婚变，既有负梁启超，又愧对张君劢，也是对自己女儿的不负责任。因此，当徐志摩想要对林徽因的这种感情进一步发展的时候，林长民和林徽因选择了退却。为了避开徐志摩的热烈追求，林氏父女决定回国。

就这样，林长民为林徽因给这段感情画上了一道休止符，于 1921 年 12 月，带着女儿回国了。林徽因回国后，梁启超安排她去北京培华女中读书；1923 年毕业时，林徽因以优异成绩考取了赴美的半官费留学资格。

1922 年 3 月，徐志摩痛下决心，与张幼仪签署了离婚协议书，还在《新浙江》副刊上刊出了《徐志摩、张幼仪离婚启事》，阐明了自己的观点，以告社会。徐志摩和张幼仪离婚的新闻被称之为"中国第一宗西式离婚"，动摇了数千年的包办婚姻制度，在中国当时的社会中轰动一时。

张幼仪的二哥张君劢非常看好徐志摩，他在给妹妹复信中表达了对徐志摩离婚的哀痛："张家失徐志摩之痛，如丧考妣。"

1923 年，梁启超看到徐志摩做事荒诞不经，颇不符合自己心意，便以恩师的身份给徐志摩写了一封长信，告诫徐志摩"万不容以他人之痛苦，易自己之快乐"。徐志摩则毫不畏惧，据理力争，也写了一封长信答复，表明了自己的坚定追求，其中最为著名的一句是：

"我将于茫茫人海中访我唯一灵魂之伴侣；得之，我幸；不得，我命，如此而已。……"

这对师徒的书信经媒体披露，成为文坛中人们津津乐道的佳话。

1923年，回国的徐志摩在北京大学英文系任教，他参与发起成立"新月社"，并发起成立"文学研究会"。那时，林徽因在培华女中毕业后，经常参加"新月社"的活动，发表了一批诗歌、短篇小说和散文。聪慧活泼的林徽因让徐志摩着迷，以至时时都想取悦于徽因；林徽因钦佩徐志摩的才华，乐于与徐志摩接近，但她把对徐志摩的感情定位在"诗歌和文学引导者"的角色上。

那时，林徽因和梁思成已有婚约，所以常常约会，一起在松坡图书馆共同学习。徐志摩情不自禁，他为了看林徽因，也常常去松坡图书馆，这让梁思成感觉非常不舒服。一天，忍无可忍的梁思成想出了一个主意，便在图书馆的门口贴了一张纸条，上书"Lovers want to be left alone"（情人不愿受打扰），以借此来劝退频频来访的徐志摩。

1924年4月，印度诗人泰戈尔应张君劢和徐志摩的邀请来中国访问。在一次宴会表演的英文剧中，徐志摩和林徽因分别饰演爱神和公主，更是增添了一份浪漫色彩。

在陪伴泰戈尔的日子里，徐志摩和林徽因有了更多的接触机会，这让徐志摩心旌摇曳，对林徽因更为迷恋。徐志摩对泰戈尔说他仍然爱着林徽因，并托老诗人为自己求情。林徽因尽管对徐志摩很有好感，但她想到订有婚约的梁思成，对于泰戈尔的求情予以婉拒。泰戈尔在临行时，为林徽因留下了一首小诗，充分表现了这种无奈的浪漫：

天空的蔚蓝，

爱上了大地的碧绿，

他们之间的微风叹了声："哎！"

徐志摩对林徽因的追求，林徽因心知肚明，十分感动。5月17日的晚上，聪明的林徽因向徐志摩坦诚地讲了她即将同梁思成赴美留学的计划，希望徐志摩能够忘掉她。但是，痴情的徐志摩并没有因此而忘掉林徽因，深陷情感旋涡，不能自已。1924年下半年，林徽因随梁思成赴美国留学，徐志摩一直追求的心仪对象被从生活中抽离，他的情感顿失所倚，失魂落魄。

窈窕淑女，寤寐求之。

求之不得，寤寐思服。

悠哉悠哉，辗转反侧。

这是《诗经·关雎》里的文字，这些古老优美的吟咏，正是徐志摩当时的心灵写照。

正是在这时，温婉曼妙、亲切可人的陆小曼出现了。

一见倾心

王赓没有阻拦和挽留，小曼如愿回到北平。

这一方天地，她是再熟悉不过了。这里，有她曾经朝夕相处的父母，有她曾经相知相伴的亲朋好友；正是在这里，留下了她曾经的青春飞扬，开启了她美好的人生梦想。可是，一朝嫁为他人妇的小曼，在这里已经找不回原来的自己，那些曾经的欢乐快意，早已随风而逝，化作了她生命里永远的记忆。

在所有人的眼里，小曼俨然是一位名副其实的贵妇人，开始了某种惹人羡慕的体面生活。

几乎每天，她都高雅而姿态万千地游走在整个上流社会，和朋友们去舞厅跳舞，去戏园吊嗓子，或者打打麻将，学学绘画，有时还会参加义演。无论走到哪里，小曼似乎永远都是焦点，是一道惹人注目的风景，成为蜚声北京社交界的名媛。在他人看来，回到北京的小曼是幸福快乐的，她的生活依然是丰富多彩、无忧无虑的。

回到北平的陆小曼，大部分时间住在了娘家，不出门的时候，她就会陪母亲和那些阔太太打打牌。牌桌上，她们时不时地就夸小曼嫁得好。听到别人的夸赞，吴曼华总是装作不在乎，脸上却漾满了花一样的笑容。每当这个时候，小曼就会不高兴地说："当官有什么好？也没时间在家陪我。"看着小曼不高兴的样子，同桌的那两个中年贵妇便会相视一笑，开心地说："等到你到了我们这个年纪，根本就不需要他，只要他能给你拿回来钱就好了。"

每逢这样的场景，小曼都会默然无语。难道，这就是她今后即将面对的全部生活？

热闹非常，体面无比，小曼心中却十二分的不高兴。所有的一切，都只不过是在逢场作戏，小曼越来越找不到原来的自己，也看不清未来努力的方向。身外的一切，仿佛一张无形的大网，小曼只能深陷其中暂且麻木自己，正如她后来日记里的一段话所写：

> 可叹我自小就是心高气傲，想享受别的女人不容易享受得到的一切，而结果现在反成了一个一切不如人的人。

> 其实，我不羡富贵，也不慕荣华，我只要一个安乐的家庭，如心的伴侣，谁知连这一点要求都不能得到，只落得终日里孤单的，有话都没有人能讲，每天只是强颜欢笑地在人群里混。

爱岗敬业，一心忙于公务的王赓极少回来。对小曼而言，他似乎只剩下了一个模糊的幻影；在小曼看来，他们之间所有值得回忆的过往，也仿佛只剩下了"海军联欢社"的大门——去年那个他们刚刚成婚的地方。在那个不识人生愁滋味的年纪，小曼好像是做了一场梦，梦醒了，自己便是王太太了，王赓以及与他相关的一切，仿佛离自己越来越遥远了。

"愿得一人心，白首不相离。"出身优裕、天资聪颖的小曼，当然离不了那些奢华丰富的生活寄托，但她更向往一个心有灵犀、相偎相依的人生伴侣。已为人妻的陆小曼，每天也只能沉溺于享乐中，那是无奈的生活留给她唯一的生路。每次等到曲终人散的时候，她才从热闹喧嚣里退场，重新回到现实的凄凉。她曾在自己的日记中说：

> 当时因为家庭间不能得着安慰，我就改变了常态，埋没了自己的意志，葬身在热闹生活中去忘记我内心的痛苦。又因为我傲慢的天性不允许我吐露真情，于是直着脖子在人面前唱戏似的唱着，绝对不肯让一个人知道我是一个失意者，是一个不快乐的人。

这一段婚姻，像一个无形无声的牢笼，突然之间就把她罩住了，她深陷其中，再也没有了往日的快乐自由。正是在这一种无趣、无聊甚至于无望的苦闷生活煎熬里，陆小曼遇到了徐志摩。

在这一人生的节点上，徐陆二人的命运何其相似！他们都是在青春飞扬之际，突然在家长的包办下，迅速进入了婚姻的殿堂。而初婚的短暂喜悦之后，却发现茫然牵手的对方并非自己所情所愿，他们因此痛苦挣扎，以求摆脱不幸婚姻的桎梏。世间关于他们真正相遇、相识并相知的故事，则流传有不同的版本。或者，是在王赓回来的欢迎酒宴上；或者，是在灯红酒绿的舞榭歌台上；或者，是在华灯初上的街头小巷里。无论是不经意间的邂逅，还是命中的注定，总之，他们相遇了。这样的相遇，三如张爱玲的一段文字所言：

> 于千万人之中遇见你所要遇见的人，于千万年之中，时间的无涯的荒野里，没有早一步，也没有晚一步，刚巧赶上了，那也没有别的话可说，唯有轻轻地问一声："噢，你也在这里吗？"

是的，没有早一步，也没有晚一步。就在婚后的小曼寂寞无助的时候，就在徐志摩钟情于林徽因却求之不得的时候，这一对才子佳人彼此看见了对方。

她和他，可谓同病相怜，相见恨晚。

王赓、志摩都是留美派，且都是梁启超的得意弟子，他们无论如何是要碰到一起并认识的。徐志摩因此认识了陆小曼，他要找的，就是这样性灵的女子。

遇到陆小曼，徐志摩一见倾心，马上引为同道，到王家的次数也就多了起来，与王赓的聚会因此更加频繁了。每到星期天，徐志摩就与王赓夫妇到西山看红叶，到"来今雨轩"喝茶，或去舞厅跳舞。小曼爱好文艺，常向志摩请教，志摩当然乐于教之，两人关系迅速升温。

他爱上了小曼，爱上了朋友的妻子。

他遇到了小曼，遇到了他的爱神。

小曼就是他的一切，无比欣喜的徐志摩在日记里写道：

> 小曼，并非我要爱你，而是岁月要我必须爱你，就像春风引来了春雨，春雨催开了杜鹃，四月之于花草，是一种温润的残忍，岁月之于我，是一种温柔的陷阱——在你丰腴的心田里，我像野草一样无法自拔！
>
> 小曼，我登程远路而来，只是为了遇你。萍水依依

间，我离你很近，离自己很远。我与自己的间距，就像小溪相距于堤岸，菖蒲相距于软泥。因而我每一次走近你，都是在更深地走向自己。

王赓除了是一个刻板、低情商的年轻人，还是无可挑剔的一个工作狂。除了周末，王赓平时几乎没有时间陪小曼，每逢志摩找上王家的门来，王赓大都正在批改公文或公务缠身，于是他就会头也不抬地说："志摩，我忙，叫小曼陪你玩吧！"若小曼想出去玩，而志摩又恰巧在跟前，王赓又会对小曼说："我没空，让志摩陪你去吧！"

王赓调任哈尔滨后，徐志摩和陆小曼接触得更多了，他们一起跳舞，一起讨论艺术，一起看书，一起演戏。他们如此般配，仿佛天作之合，不知不觉，两人落入了情网，难以自拔。在王赓全身心忙于公务，心无旁骛的时候，陆小曼和徐志摩正卿卿我我，共享他们人生里的那一段最华美曼丽的迷人时光。他毫无戒心，因为他信任妻子，信任朋友。

那段时间，几乎每天，徐志摩和陆小曼都待在一起，四目对流，顾盼间满是绵绵的情意。一切情，不在言语，在心上。那一刻，胜过千言万语；那一瞬，他们自由自在，只感受着彼此。

陆小曼也陷进云了，她身上那些沉睡的细胞仿佛都在一夜之间苏醒，爱的冲动蓄势待发，她热烈而真诚地爱上了这个男人。

晚点遇到你，余生都是你。是的，晚点不要紧，只要遇到了就好，不是吗？志摩说："爱，你永远是我头顶上的一颗明星。"小曼说："自从见着你，我才像乌云里见了青天。"

人生若只如初见，一见倾心。情不自禁的两人，为发现彼此的存在而欢欣不已。

金风玉露终相逢

陆小曼的曼妙风采自不待言，徐志摩的迷人风度在当时也是一时无双。仿佛是蝴蝶与花朵的聚会，她和他相遇了，没有约定，一见倾心。

徐志摩是现代诗坛上屈指可数的大诗人之一，也是"新月派"的主将，玉树临风，斯文儒雅，当时也是众多女性心仪的对象。一代才女苏雪林回忆徐志摩的文章，就这样写道：

我不比袁兰子与诗人相知之厚。我认识诗哲并不深，他在世时，我只见过他两面，而且也并未与他交谈一句话。民国十四年间，我在上海，与袁兰子攀上了交情，在她家里也偶尔认识了几个兰子留英时所结纳的朋友。记得有一次，那些留英同学在某高级酒店宴会，座中有诗哲徐志摩，兰子约我去瞻仰瞻仰。那一晚我才认识了钦美已久的诗人的庐山真面。他的形貌大概很像梁实秋先生所形容：身躯是颀长的，脸儿也是长长的，额角则高而广，皮肤白皙，鼻子颇大，嘴亦稍阔，但搭配在一起，却异常的和谐。那双炯炯发光的大眼，却好像蒙着一层朦胧的轻雾，永远带着迷离恍惚的神情。这正是一双诗人的眼睛。诗人虽生活于这个尘世里，他的灵魂却栖息于我们永远不知道的梦幻之乡，或什么华严世界，所以如此吧。

诗人既禀赋着极高的文才，加之以这样矫矫出尘的外表，不知多少女郎为他倾心，视之为最高的择偶对象。记得女高师同学阮健吾女士自视至高，征婚条件非常苛刻，替她做媒而遭碰壁的朋友常愤愤地对她说：'你想必要像徐志摩一样的男人才能满意吗？可是徐志摩只有一个，爱慕他的女孩子却是不计其数，况且微闻他现在已有了意中人，我看你将来只好以丫角终老了，那时可不要懊悔！'这话是民国十三年间，我尚在法国里昂，健吾来法留学，亲自对我说的，我们当时笑了一场。民国十一二年间，志摩才返国，在北京大学、清华大学、平民大学授课，兼主编晨报副刊，发表了许多诗作，才名藉甚。印度诗人泰戈尔来华讲演，又由他当翻译，在全国各地露面，真是红透了半边天。他那时虽已与原配张幼仪女士离婚，对陆小曼却尚未开始追求，或虽已追求，而形迹尚未外露，所以这个新诗坛的美男子，竟成了北平少女界的'大众情人'。读梁实秋的《谈徐志摩》，志摩给实秋的亲笔信件竟有某小姐为了这位诗人，单恋成疾，几离倩女之魂。诗人以'淑女枉自多情，使君既已有妇'谢之。也可见他当时魅力如何之大了。

第二次我得晤诗人是在苏州某女子中学。校长陈淑女士与志摩有点内亲关系，邀他来校讲演。我那时正在苏州教授于东吴大学兼景海女师，陈校长先期约我去听。记得那天天气极冷，诗人穿了一件灰色绸子的棉袍，外罩一件深灰色外套，戴着阔边眼镜，风度翩翩，自有一种玉树临风之致。听说诗人讲演习惯，是挟着讲稿当众宣读的。平常人不会讲演，才照本宣科，诗人却说自己是模仿牛津大学的方式。他那天演讲是什么题目，事隔多年，今已不忆，横竖不出文学范围。诗人宣读讲稿时，有一种特别音调，好像是一阕旋律非常优美的音乐，不疾不徐，琮琤顿挫，有似风来林下，泉流石上，实在悦耳极了。

胡适曾说，陆小曼是旧北京一道不可不看的风景。她的亲友曾做过如下描述："人不够高，身材瘦弱，皮肤白，但她却别具一种林下风致，淡雅灵秀，若以花草拟之，便是空谷幽兰，正是一位绝世诗人心目中的绝世佳人……""她从不刻意修饰，更不搔首弄姿，平日家居衣饰固然淡雅，便是出门也是十分随便，一双平底便鞋，一件毛背心，这便是名噪一时，多少人为之倾倒的陆小曼。她的一举一动，一颦一笑，都别具风韵。"刘海粟后来写有一篇回忆文字《不得不见的陆小曼》，其中描述了如下动人场景：

> 我认识陆小曼，是20年代初期。那时我在北京暂住，胡适之、徐志摩和张歆海（志摩前妻张幼仪的哥哥）先后来看我。胡适之对我说："海粟，你到北平来，应该见一个人，才不虚此行。"我问："是哪一个？"他严肃地答道："北京有名的王太太。你到了北平，不见王太太，等于没到过北平。""哦？有那么重要？我倒要见一见！"我在他们的怂恿下，决意去看一看。当时我

们都还是翩翩少年，肚子里罗曼蒂克的念头很多。我还特地剃了胡子，换了交裳，适之虽是中式袍褂，但也很修饰。我跟着适之和歆海前去。雇了三辆黄包车，在一家朱红漆的墙门前停下，进了会客室。当底下人通报说"小姐就来"时，我纳闷：我们要见的是一位太太，就是还年轻，怎么叫"小姐"呢？

谁知站在我们面前的竟是一位美艳绝伦、光彩照人的少女，原来她就是蜚声北京社交界的陆小曼。

"刘先生，您请坐。"小曼听了胡适之的介绍，很殷勤地招待我，并且自荐地提到她学过绘画，希望我能帮助她。

"是啊，你们还是同行呢！"胡适之笑道。

"哦，王太太应该会作画！"我说。

"什么应该会，我是初学，瞎拓！"她浅笑道。

"海粟，你怎么知道王太太会作画？"歆海问道。

我自觉好笑。因为我心里认为，像这样的女子，应该懂得一点丹青，心有所想，嘴里就说了出来。

"海粟，你应该收这位女弟子！"适之说。

"如果刘先生肯收，我就叩头了！"小曼银铃般的笑声，使我不安起来。徐志摩接着就赶来了。但是奇怪，他微笑着和小曼打了招乎，却不说话。席间，他总是用眼神而不用嘴巴。我想。豪饮且健谈的志摩，怎么今天拙于言辞了？也许被王太太的睿智和辩才所慑服了？

当时的刘海粟，除了初见陆小曼的惊艳，还看到了徐志摩的非正常表现。只是他不知道的是，那时徐志摩和陆小曼早已经心有灵犀了。

"金风玉露一相逢，便胜却人间无数。"一个是绝世佳人，爱意绵绵；一个是多情才子，风度翩翩。两人从此惺惺相惜，彼此认定对方就是自己曾经一直苦苦寻找的那个人。

渐入佳境

恰如张爱玲的爱情金句所言——原来你也在这里！从此，徐志摩和陆小曼共享着人生里的那一段浪漫华美的时光，他们一起散步跳舞，一起讨论艺术，一起看书演戏。清风明月，花好月圆，他们如此般配，仿佛天作之合。磊庵的《徐志摩和陆小曼艳史》有文字写道：

> 志摩见到小曼几面，老早就拜倒石榴裙下，某一次
> 义务演剧，内有《春香闹学》一阕，志摩演老学究，小
> 曼饰丫鬟，曲终人散，彼此竟种下情苗。

有一次，小曼邀请志摩来观看他们票友拍戏，演的是《春香闹学》这一段，临时邀志摩上台来和她搭戏，小曼演春香，徐志摩帮她提老学究的词。一来二去，小曼竟提议，这个老学究就让志摩来出演。吓得徐志摩急忙挥手示意不行，但陆小曼执意要他出演这次义演。义演在当时的上流社会是一种体面的活动，陆小曼经常会登台唱一段，这次徐志摩如果能参演，一定会吸引不少观众。心血来潮的陆小曼仿佛已经看到那受欢迎的场面，一时激动不已，徐志摩看着小曼认真撒娇的样子，笑着摇摇头，答应了。

陆小曼就是这样，任性得让人无法拒绝，乖巧得楚楚动人。

那段时间，徐志摩和陆小曼几乎每天都待在一起，对词、唱戏，四目对流，顾盼间满是绵绵的情意。那一场义演非常成功，楼上楼下坐满了来捧场的人，一部分人是冲着徐志摩来的，一部分人是冲着陆小曼来的。

曲终人散，小曼催志摩赶紧卸妆，然后便拉住他顺着后门走了。徐志摩心下奇怪，问道："你的车不是在前面停着么？"

"我们不坐车！"说话间便来到了后园子，原来小曼竟不知从哪里借来的脚踏车，耍着性子要徐志摩载她回去。

夜风习习，志摩载着小曼，转街串巷，只希望前面的路被无限延长。面前坐着的这个可爱女子，正是自己的梦中女神。

目的地快到了，于是他们下车，慢慢朝前走着，只希望待在一起的时光可以多些，再多些。

"如果让你许一个愿，你想要什么？"小曼突然问道。

"下雪。你呢？"志摩略微一愣，笑着答道。

"我想遇见一个卖糖炒栗子的。"小曼认真又调皮地望着他。

"你的愿望比较容易实现。"志摩笑道。两人走着走着，真的就遇见了一个卖糖炒栗子的，徐志摩看着满心欢喜的小曼，前去买了一纸袋的栗子，递给了小曼。就在两人继续前行的时候，夜空里突然有雪花飘然而至，志摩惊愕地抬起头看那浩瀚的天穹，然后低下头看着小曼，两人相视而笑。

这真的是一个美妙无比的夜晚。冬雪飘飘，佳人相伴，人生若此，夫复何求？

不知不觉间，两人来到了志摩的公寓。志摩生了炉子，红色的炉火映照着两人的脸庞，屋内暖意融融。小曼觉得自己惬意极了，这是她结婚以来从未有过的奇妙感觉。

绿蚁新醅酒，红泥小火炉。

晚来天欲雪，能饮一杯无？

这是古人的浪漫诗意，如此温馨情怀，至今依然让人无比怀念。此时此刻，渐入佳境的一对爱人，如其不来一杯，也许真的要辜负这良辰美景了。

小曼见桌上正好有一坛子酒，便道："这么冷的天，我们喝些酒吧。"志摩心领神会，不声不响地满上两杯。

"来！酒逢知己千杯少！"小曼举杯，含情脉脉。

"难得这样一个下着雪的夜晚。"志摩像是痴了一样，呆呆地说。

那一个雪夜，他们相拥在一起，身外的一切仿佛不在了，他们只想尽情感受着彼此。

分别后的这个清晨，竟如此漫长难挨。昨夜深巷买来的糖炒栗子还在，每一个细节都在昭示着他的存在。昨天那个纯净而美好的夜晚，她告诉志摩：从前，她只是为别人而活，从没有自己的生活，她的生活都是别人安排好的。是别人要的，不是她要的。王赓是父母看上的，是他们押的宝。她生活在牢笼中，几乎窒息得喘不上气来，可是没有人理睬她的感受。

她无时无刻不想着再见他一眼，好似她身上所有沉睡的细胞都在一夜之间苏醒，爱的冲动蓄势待发。她想要马上见到他，一分钟也不能等了。

于是，她来到了北大校园，此时，徐志摩正在北大的一间教室，讲着英国诗人济慈的诗篇。他用余光感到门外似乎有人，以为是哪个学生迟到了，便说："上学，书可以不带，人可以迟到，但魂必须先到教室，所以，门外的那位同学，不管是书没带，还是人迟到了，你都可以放大胆地进来。请进！"

门悄然推开，志摩抬头望去，不由得一惊，在门口的一道阳光里站着的女子，正是昨晚依依惜别的陆小曼！

小曼落落大方地走进来，选了一个靠后的位置坐下，同学们都在窃窃私语，徐志摩也乱了方寸。

"先生！您的魂带了吗？"一个学生俏皮地大声问道，志摩回过神来，连忙笑道，"很好，这说明刚才我的话，你们都听进去了。来，我们上课。"

徐志摩在讲台上时而亢奋，时而沉默，时而忧伤，时而欢乐，小曼也沉浸在济慈的诗篇中一同感受着那些激情。

课后，陆小曼说，"早些年遇到你，大概就会认真读书了。"

"是吗？"徐志摩温柔地看定她："那现在遇到我，迟了吗？"

这一对才子佳人，正如徐志摩的好友郁达夫谈的那样："忠厚柔艳如小曼，热烈诚挚若志摩，偶合在一起，自然要发出火花，烧成一片了。哪里还顾得到纲常伦教，更哪里顾得到宗法家风？"此时的他们，早已经谁也离不开谁了。

滕王蛱蝶　　　　　　　春花烂漫

岁朝清供图两幅

蠻姑老筆
氣清蒼無
限江山入混茫
曾何鷗波窺
盡訣毫端裁
取郭河陽

志摩

河阳秋深

西湖佳境

曲院风荷

他们彼此感染着，相互吸引着，被一种美好无比的情怀激励着，开始了一种全新的生活。

在北大和小曼分别后，徐志摩又是一夜未眠。爱情撞击着他的心胸，他再也无法平静，长夜当诗，这一首《快乐的雪花》，就是他心中爱情的欢唱：

> 假如我是一朵雪花，
> 翩翩地在半空里潇洒，
> 我一定认清我的方向——
> 飞飏，飞飏，飞飏，——
> 这地面上有我的方向。
>
> 不去那冷寞的幽谷，
> 不去那凄清的山麓，
> 也不上荒街去惆怅——
> 飞飏，飞飏，飞飏，——
> 你看，我有我的方向！
>
> 在半空里娟娟的飞舞，
> 认明了那清幽的住处，
> 等着她来花园里探望——
> 飞飏，飞飏，飞飏，
> 啊，她身上有朱砂梅的清香！
>
> 那时我凭借我的身轻，
> 盈盈的，沾住了她的衣襟，

贴近她柔波似的心胸——
消融，消融，消融——
溶入了她柔波似的心胸！

打一场爱情保卫战

人生得一知己足矣。恋爱使一切变得如此美妙无比，陆小曼和徐志摩已经不能没有对方。

他们频频约会，频频写信，无论何时何地，都牵挂着彼此。在和徐志摩相会的时候，陆小曼感到从没有过的愉悦，正如后来她在《爱眉小札》的序言中写道：

> 这样的生活一直到无意间认识了志摩，叫他那双放射神辉的眼睛照彻了我内心的肺腑，认明了我的隐痛，更用真挚的感情劝我不要再在骗人欺己中偷活，不要自己毁灭前程，他那种倾心相向的真情，才使我的生活转换了方向，而同时也就跌入恋爱了。于是烦恼与痛苦，也跟着一起来。

徐志摩对女性是很挑剔的，所以他看不上张幼仪。他要的是性灵聪颖而美丽的女性。所以他迷恋林徽因；迷恋林徽因而不得，又遇到了陆小曼。在他眼里，她最美不过，是"一个最美最纯洁最可爱的灵魂"，"一朵稀有的奇葩"，是"不慕荣华富贵，追求真、爱、美的女神"。他认为小曼最"能做我的伴侣，给我安稳，给我快乐"。

他终于要走进了她的故事了，一颗失意的心遇到了另一颗失意的心。他对她说："不管快乐还是不快乐，人顶重要的就是活得要真。"

因为这份"真"，小曼开始懂得了真正的爱情。她告诉志摩，从前，她只是为别人而活，从没有自己的生活，她的生活都是别人安排好的，是别人要的，不是她要的。是徐志摩的出现，让她又有了爱的勇气，寻真的力量。

徐志摩一生在追求真爱，他期待有一位一见倾心的女子与他做伴，与他的灵魂相依。当陆小曼出现，他纵身坠入爱河之中，那种美妙和情景纷沓而至，他不自觉地将自己比作罗米乌（罗密欧），将陆小曼比作玖丽德（朱丽叶）。"弱水三千，我只取她那一瓢饮。"徐志摩完全被陆小曼迷住了，他爱得热烈而执着。

奈何在这个时候，工作繁忙、心无旁骛的王赓却一点没有察觉，全然信任了这个好友，并且还非常感谢他给小曼带来了笑容。王赓的原则是——小曼开心最重要，而他不知道的是，自己的这个低情商举动，正在让他一步步失去自己美丽可爱的妻子。

北方有佳人，绝世而独立。

一顾倾人城，再顾倾人国。

宁不知倾城与倾国？佳人难再得。

以上文字，用于陆小曼或许有些夸张了，陆小曼虽然没有机会引发所谓的"倾城"与"倾国"，可是徐志摩和陆小曼的相遇以及由此引发的一曲爱情恋歌，则堪称民国一道惹人注目的风景。

那样一个新旧交替的时代，这一对才子佳人，早已成为社会上的公众人物，他们频繁的亲热交往则更让人们侧目，成为街头巷尾热议的话题。徐志摩，一个浪漫热烈的离异男人，陆小曼，一位曼妙可人的有夫之妇；他们，都有着丰厚的家资和深厚的社会背景，也同样有着锦衣玉食的优裕生活，他们的遇见以及由此引发的故事，在偌大的北京城里掀起了一场轩然大波。郁达夫说："志摩和小曼的一段浓情，若在进步的社会里，在理解的社会里，这一种事情，岂不是千古的美谈？"刘海粟说："可爱可敬的小曼，当年就是在那些自以为是反封建、实际上封建得可以的文人雅士们的唾沫中遭际不幸的。"

陆小曼的父母自然免不了听到传言，他们从关心女儿的角度出发，对小曼颇多责怨，多次劝小曼离开志摩。陆家父母对王赓非常满意，因此帮助王赓担负起看管小曼的责任，不让小曼出去与志摩约会，这让小曼非常苦恼和烦闷。她在日记中写道："我真恨，恨天也不怜我。你我已无缘，又何必使我们相见，且相见而又在这个时候，一无办法的时候，在这情况之下真用得着那句'恨不相逢未嫁时'的诗了。现在叫我进退两难，丢去你不忍心，接受你又办不到，怎不叫我活活的恨死！难道这也是所谓天数吗？"

此时的徐志摩更是深深地陷了进去，他苦恼愤恨，恨透了这个世俗社会，恨透了阻碍小曼和他相爱的那些人。他在诗中大声呐喊：

容不得恋爱，容不得恋爱！

披散你的满头发，赤露你的一双脚；跟着我来，我的恋爱！

抛弃这个世界，殉我们的恋爱！

我拉着你的手，爱，你跟着我走！

听凭荆棘把我们的脚心刺透，听凭冰雹劈破我们的头！

你跟着我走，拉着你的手，逃出了牢笼，恢复我们的自由！

……

这是陆小曼和王赓婚后第三年的冬天，有关陆小曼和徐志摩的流言蜚语，也正像那些洋洋洒洒的雪花弥漫在北平的空中。身在哈尔滨的王赓本是不相信那些传闻的，他信任自己的妻子，信任同门的朋友，但是那些难听的话老是在他耳边绕来绕去。

将信将疑之中，王赓搭上了南去北京的火车，无论如何，他要一探究竟。他多么希望那只是谣言，多么想回到久违的家中，看见小曼熟睡的脸庞，一切安好如初。

带着一路的风尘和疲惫，王赓终于到了家。小曼不在，家里空荡荡的，他感到一切忽然变得如此陌生冷清。

是啊，他有多久没有回来了？

失意黯然之中，他突然想起什么，冲进卧室翻找小曼的东西。他向来尊重小曼，她的东西未经她的允许他从未动过，可是现在他慌乱起来。他在找，可是他又不想找到，然而一沓被翻落的信件打断了他所有的一厢情愿。

那厚厚的一沓，正是徐志摩和陆小曼的绵绵情话！字字句句，让王赓看得触目惊心。

镇静下来的王赓驱车来到徐志摩的住处，准备和他谈一谈。刚走到门口，就听到屋里一个女人的声音："志摩，我简直没办法待下去了，我一闭上眼睛，满脑子都是你转呀转，你的咒果真灵验，我心痛得快要没有办法呼吸了。"那个声音他再熟悉不过了，那正是陆小曼。

王赓缓缓地走回车里，冰凉的雪花融化在脖颈里。那些温暖而幸福的场景仿佛还在昨天，但一转身，他周围的一切已然物是人非。

他决定要做些什么了。

是的，纵然他不浪漫，不懂得那些令人眼花缭乱的风花雪月，他也绝对想不到原本属于自己的这一份情感，竟然会如此不堪一击！

无论如何，他是爱小曼的，从认识到现在，都是如此。

至少他自己是这样想的，至多不过是爱的方式不同。

懊恼之中，王赓连夜来到陆家说明此事。陆定听后又气愤又羞愧："太不像话了！明天我就派人过去，让她收拾东西搬回来住！"一向和颜悦色的陆定真动怒了，自己的宝贝女儿怎么这么不争气？如今闹出这般丑事！

从此以后，小曼被父母像看犯人一般看管了起来，不得离开家门半步。心灰意冷之下，王赓回哈尔滨去了。走之前，他来到北大的图书馆见了徐志摩，给他留下了三句话：

第一句："我非常感谢你替我照顾小曼。"

第二句："我一直很看重你这位才华横溢的朋友。"

最后一句："北京圈子不大，大家以后还要见面，还要做人，我希望你能给自己、给我、给小曼留条退路！"

面对婚姻的危机、妻子的背叛，他选择了忍耐、承担和冷静。

小曼被父母看在深闺中，不得外出，而徐志摩去过小曼家，又去了小曼婆家，却还是没有见到陆小曼，这让热恋中的他十分着急和苦恼。

对于徐志摩而言，陆小曼的出现是一道明媚温暖的阳光，照亮了他黯淡无色的生活；然而，这幸福来得太突然，又太短暂。在他看来，明明是一对爱人，在世人眼里却变成了一对罪人；原本热烈真情的爱意，却被世俗的恶意整得一片冰凉。一日不见，如隔三秋般的煎熬，几乎让他出离愤怒了，他在《这是一个懦怯的世界》里，写下了自己的苦闷和抗争：

> 这是一个懦怯的世界：
>
> 容不得恋爱，容不得恋爱！
>
> 披散你的满头发，
>
> 赤露你的一双脚；
>
> 跟着我来，我的恋爱，
>
> 抛弃这个世界
>
> 殉我们的恋爱！
>
> 我拉着你的手，
>
> 爱，你跟着我走；
>
> 听凭荆棘把我们的脚心刺透，
>
> 听凭冰雹劈破我们的头，
>
> 你跟我着我走，
>
> 我拉着你的手，
>
> 逃出了牢笼，

恢复我们的自由！

跟着我来，

我的恋爱

人间已经坠落在我们的背后，——

看呀，这不是白茫茫的大海？

白茫茫的大海，

白茫茫的大海，

无边的自由，我与尔恋爱！

顺着我的指头看，

那天边一小星的蓝——

那是一座岛，岛上有青草，

鲜花，美丽的走兽与飞鸟；

快上这轻快的小艇，

去到那理想的天庭——

恋爱，欢欣，自由——辞别了人间，永远！

徐志摩英年早逝，此生虽然短暂，他的一生却都在追求美和自由，追求自己生命里的理想伴侣。他对痛苦挣扎中的小曼说："我有时真想拉你一同死去，我真的不眷恋这种形式的生命，我只求一个同伴。"纵然为了真爱他可以付出所有，身心俱疲的他也遭到了家人的反对。

父亲徐申如一生传统，在他和夫人的心中，仍然舍不下那早已经和徐志摩离婚的原配夫人张幼仪。张幼仪身上的端庄、贤惠、孝敬、秀外慧中等一切优良的品德才符合他们心中对儿媳妇的传统期待。陆小曼不是他们心目中的儿媳妇，他们不愿意儿子娶回那样一个交际女子，更何况她还是有夫之妇。

面对来自家庭的劝阻，徐志摩没有任何的妥协让步，他写给小曼的信，一如既往地激情洋溢：“让这伟大的灵魂的结合毁灭一切的阻碍，创造一切的价值，往前走吧，再也不必迟疑！”

面对来自于各方的压力和阻力，义无反顾的徐志摩誓死要打赢这一场著名的爱情保卫战。

第三章

相见亦难别亦难

听从了心灵的召唤

徐志摩是陆小曼情爱路上的引领人，他们投入得那样热烈，那样不管不顾。他在和陆小曼的通信中，不止一次提到有关灵魂和性灵方面的事：

> 爱的生活也不能纯粹靠感情，彼此的了解是不可少的。爱是帮助了解的力，了解是爱的成熟，最高的了解是灵魂的化合，那是爱的圆满功德。没有一个灵性不是深奥的，要懂得并认识一个灵性，是一辈子的工作。这工夫愈下愈有味，像逛山似的，唯恐进得不深。

> 我不仅要以爱的肉眼认识我的肉身，我要你的灵眼认识我的灵魂。

> 你看看地上的草色，看看天上的星光，摸摸自己的胸膛，自问究竟你的灵魂得到了寄托没有，你的爱得到了代价没有，你的一生寻出了意义没有？

陆小曼原本懵懂，却被徐志摩"教唆"得也开始追寻灵魂，这个大的目标一经确立，她的整个生命立刻就变得不一样了——有激情，有追求，敢牺牲。灵魂是凤，爱情是火，追求是力，于是，她准备涅槃。她在《爱眉小札·序》中如是写道：

> 他知道我，他简直能真正地了解我，我也明白他，
> 我也认识他是一个纯洁天真的人，他给我的那一片纯洁
> 的爱，使我不能不还给他一个整个的、圆满的、永没有
> 给过别人的爱。

他们彼此相爱，已经不可分离，为了追求心仪的美好爱情，小曼同父母大闹过几场。父母看着小曼闹，痛斥她是被徐志摩那些花言巧语乱了心，迷了窍。小曼闹得越凶，他们越是生气，也越是心疼。他们一次又一次地对小曼施压，用一切手段阻止女儿和徐志摩来往，因为这是一切流言的源头。

为了家族的脸面，为了维护传统的婚姻，也为了那中意的女婿王赓，他们不能原谅徐志摩，甚至不能原谅自己的女儿。

面对陆小曼的执着，一向对她严加管教的母亲几乎彻底地失望了，外面的流言蜚语，句句像刀子一样戳在她的心上。父亲陆定对小曼从来是疼爱有加，从小到大几乎是有求必应。这是他们唯一的孩子，他们小心翼翼地把小曼呵护长大，保护着她不受任何伤害。或许，他永远也不会想到，女儿的人生里会有如此难堪的一劫。每天上班，陆定都要承受着同事和周围人们的窃窃私语，一辈子正气凛然，老了却还要承受这些尴尬和非议。

一方是相濡以沫的亲情，一方是相知相惜的爱情；一方是志摩激情洋溢的鼓励，一方是父母不断的说教。一向任性娇宠的小曼陷入了两难的境地，她该何去何从？

面对已年迈的父母，小曼忽然心软了下来，她脆弱的神

经已经无法承受这美好火热的爱情了。

终于，她拿出笔，给志摩写了一封绝情书：

摩，还是莎士比亚说的对，女人不可能不是弱者。我又从幸福的攀登中跌了下来。前几天我好快活，我那精明、冷酷的娘看到了，就对我说，一天到晚只是去模仿外国小说里的行为，讲爱情，写情书，成什么体统！别忘了你是有夫之妇，就是未出阁的闺女，也不兴这样子轻浮……最难忍受的，还是他（指王赓）的那一招。他清楚地知道我们的一切，偏偏装聋作哑，旁敲侧击，用一种叫人吃不透的沉默和暗示来折磨我。他就是一尊用木头雕成的凶神，你根本无法知道他头脑中藏着什么深奥可怕的念头。我宁可他骂我，打我，暴跳如雷，这样就会激起我的怒气、勇气，豁出去，跟他斗，跟他拼命，在拼命中求得一条生路。现在这样，我实在受不了，陷进的是一个深渊，黑洞洞的，没有底的，连一点叫喊一点挣扎的机会都不给你，只是无穷无尽地跌下去……摩，我们还是分手吧。离开我，你在任何地方任何人身上都会找到幸福的，天下比我强的女子多的是，何必将你的辉煌的生命与我的可悲的命运拴在一起呢？我对不起你。

求你饶恕我。走开吧。

不幸的曼

（这封信我几乎想撕掉了，考虑再三，还是让王妈交给你。）

收到绝情书的徐志摩，其痛苦心情可想而知。白纸黑字，他不相信这是小曼的心声，他的爱不会就这样舍他而去。之后的几日里，徐志摩不分昼夜，数次徘徊在小曼的住处外，终于失望而归，没有寻到小曼的影子。

他不记得自己是怎样回到石虎胡同七号松坡图书馆的居室中去的，只是觉得眼前是茫茫的黑，他昏沉地躺在床上，感觉身上所有的气力都被那一纸的字给吸走了似的。而发出了绝情信的小曼，心情也好不到哪里去。

他们早已经陷得太深，回头已是不太可能。

面对外界沸沸扬扬的议论，面对来自于徐陆两家的指责，小曼一度彷徨和犹豫，一番痛苦的挣扎之后，她最终还是听从了自己内心的召唤，听从了来自于志摩的爱的指引。

这一日清晨，小曼陪同母亲去逛街，途中骗过母亲，逃了出来，直奔志摩的住处。她满心期待，可是松坡图书馆的居室里空荡荡的，志摩可能有事出去了。有些失望的小曼绕着这个屋子，看着每一样熟悉的物件，一个花瓶、一只毛笔、一件长衫都足以抚慰她的柔肠。

徐志摩到了夜间才回来，小曼已经熟睡在床。在他几乎绝望的时候，她又出现了，他静静地看着她，生怕是一场梦，被自己的莽撞惊醒了。

日思夜想，才得一见，见了面，两人却又不知道说什么了。静默相视之中，小曼忽然想起自己早上是陪着母亲出来的，该回去了。

纵有千般万般的不舍，她还是要走的。徐志摩上前拉住小曼，抱着她，突然说道："小曼，你离婚！"

离婚？小曼先是一惊，然后用力点点头。

为了他，她愿意。

是的，离婚！这是他们唯一的出路。

在这念头的鼓舞下，虽然已近深夜时分，他们还是叩响了胡适家的门。既然心意已决，徐志摩再也等不及，他要寻求帮助，他一直称胡适为老大哥，希望这个时候他能为他们指一条路。

对于包办婚姻的痛苦，胡适当然感同身受，自己虽然没有冲破这一道束缚，却非常羡慕支持他们。对于正处于火热恋情中的他们，胡适提出了自己的建议，他说：

"你要离婚，如果单纯看是你和王赓的性情不合，这或许还能得到别人的同情，但志摩留在北京，他一定会成为众矢之的的。他固然不在乎，但那会成为你们离婚的阻力。王赓是极爱面子的人，如果他坚持不肯离婚，你们的事情就难办了。如果志摩先离开一段日子，小曼能在这当中解决婚姻问题，那你们的事也许还能看到一丝光亮。"

这一席话，志摩听得明白，却很难赞同。在这个时候，北京满城风雨，他一旦走了，所有的流言蜚语，小曼就要独自一人来承担，他怎么能忍心留她一人，而自己跑出去躲避风头？

但小曼是同意的，每一条她都认为有道理。如果要跟王赓离婚，问题最大的其实还是父母，这一方面，别人是帮不了忙的，只能靠她自己，任志摩在身边，父母都要提防他，光是每天应付这些已经快要虚脱了，哪还有力气去为离婚的事情再闹呢？

正当徐志摩一筹莫展的时候，印度老诗人泰戈尔来信说身体欠佳，但一直挂念着志摩，希望在意大利和他相会。徐志摩和陆小曼几经商酌，决定借此机会让志摩出国走走，将这段感情作一下冷处理。小曼对志摩说："虽然我舍不得你走，但我不会妨碍你的前途，你这次出去游历，和大诗人在一起，肯定会对你的才艺有极大的促进作用。再说，这样的环境，你在，可能更糟，他们会防得更紧，不如你先离开，让我与他们周旋斗争，也让时间考验一下我们的感情，看看能不能忘掉对方。"

　　小曼如此深明大义，胡适非常赞同，他劝导志摩说："志摩，你该了解你自己，你并没有什么不可撼动的大天才。安乐恬嬉的生活是害人的，再像这样胡闹下去，要不了两年，你的笔尖上再也没有光芒，那时你就完了。你还年轻，应该出去走走，重新在和大文学家、大艺术家的接触中汲取营养，让自己再增加一些作诗的灵感。"

　　在胡适的劝说和小曼的鼓励下，志摩决定独自赴欧。

且行且珍惜

徐志摩临走的前一天，王赓从哈尔滨回来设宴为他饯行。

酒宴上来了许多宾客，王赓一身戎装，同往日一样，一副冷峻淡然的面孔。徐志摩要走了，他本该高兴，可是他心中依然惴惴不安，因为他分明看到了小曼眼里噙着的泪花。此情此景，王赓心中虽然有些不忍，但还是要设这样的送别酒宴，他要让他们知道，他才是陆小曼的丈夫。

或许，他还会天真地认为，此地一别，陆小曼和徐志摩的感情纠缠会有一个暂时的冷却和了结，他的婚姻也会迎来一个好的转机。

席间，王赓站起来，举着酒杯说：“志摩，这杯我敬你，你明天就要走了，行李都准备好了吗？”

志摩抬头看了一眼王赓，又看了一眼坐在他对面的小曼，无奈地笑了一声，说道：“想带的也带不走，行李嘛，也没什么好带的。”

“想带的也带不走”，一句话让在座的人都心照不宣，陆母和王赓脸上顿时露出尴尬的神情。王赓心中有气，却不动声色，笑道：“我听说张幼仪女士和你的小儿子也在德国，你这次去欧洲也正好探亲了。来干了这杯,祝你一路顺风!"说完便一饮而尽。

小曼的母亲也顺势说:"听说幼仪还是孤单单一个人在柏林呢,真是孤儿寡母啊,你这次去一定要多陪陪他们才是啊!"徐志摩不再言语,也举杯一仰而饮。

桌上的火锅烧得正欢,透过腾腾的热气,志摩仍然能看到小曼眼中坚忍哀怨的泪光。小曼恨王赓,她觉得他是故意让志摩在朋友面前难看,这是他和母亲两个人在为自己留面子而做的名堂。

小曼一杯接一杯自顾地喝起来,她看着对面的志摩,欲言又止,她缓缓地站起来说道:"志摩,我唱一曲,给你饯行!"

于是,众目睽睽之下,小曼离座,唱了一段戏文:

> 海天悠,问冰蟾何处涌?
>
> 玉杵秋空,凭谁窃药把嫦娥奉?
>
> 甚西风吹梦无踪!
>
> 人去难逢,须不是神挑鬼弄。
>
> 在眉峰,心坎里别是一般疼痛。

小曼素有戏曲功底,这天的唱腔尤其声情并茂,在座的听者无不为之动容。他们大都是北平文化界的名人,大约不会不知道,小曼演唱的,正是《牡丹亭》里的一段精彩唱词。这一段戏词,句句问月,借以抒发一种难以排解的离别之情:

你就像那月亮一样消失无踪,我也就失去了方向。没有玉兔捣药、吴刚伐桂,谁来陪伴寂寞的嫦娥呢?要怎样绝情的西风才忍心吹散人间的美梦啊!

我和你再也不能重逢，难道暗中有神鬼将你我拨弄。想到你，我心头就涌起无尽的酸楚。

看似句句问月，实则句句问人，在座的所有人当然不会不知道小曼的良苦用心。小曼一曲未了，已是泪流满面，不能自已。王赓连忙站起来扶着小曼向众人解释："她喝多了，喝多了。"

"不！我没醉。我只是心里难受……"陆小曼哽咽在喉。

志摩再也坐不住了，这饯行的酒宴让离别更加痛苦。此情此景，他们不能相拥，不能话别，不能安慰，只能隔着桌子相望。离别在即，便纵有千种风情，更与何人说？

天下没有不散的宴席，无限悲愤伤心的志摩先走一步。一道青影，一袭长衫，徐志摩消失在小巷中的黑暗里，也消失在陆小曼哀怨的视线里。

"两情若是久长时，又岂在朝朝暮暮。"临行前，志摩连夜写了一封长信，信中满是对小曼的无限期待和鼓励，他希望小曼一定要坚持努力，不要辜负了彼此。

1925 年 3 月，春寒料峭，乍暖还寒，徐志摩忍痛远行欧洲。

那日分别，许多朋友到车站为志摩送行，公务一向繁忙的王赓也来了。小曼泪眼婆娑，志摩一步三回头，王赓就在旁边冷冷望着，场面尴尬至极。小曼不想让王赓看见自己的泪，王赓看也不看她就说："你哭了吗？你心里难受是吗？"

"多情自古伤离别"，徐志摩走后，陆小曼才体会到别样的痛苦。原本以为自己已经做好了准备，但真正的分别来临的时候，她还是这样难以承受。徐志摩一走，将她的魂魄也一并带走了。她在日记中记下了车站离别的一幕：

> 我低头不敢向他看，也不敢向别人看，一直到车
> 开，我还看见他站在车头上向我们送手吻（我知道一定
> 是给我一个人的）。我直着眼看，只见他的人影一点一
> 点模糊起来，我眼前好像有一层东西隔着，慢慢地连人
> 影都不见了，心里也说不出是什么味儿，好像一点知觉
> 都没有了似的……

志摩知道自己离开后，小曼心里会非常难受，因此走前
让她把每天的心情都写成日记寄给他。这样一来，小曼既可
以此作为一种寄托，聊以自慰的同时，这样的方法也可以激
励陆小曼写作。小曼后来回忆道：

> 为了家庭和社会都不谅解我和志摩的爱，经过几度
> 的商酌，便决定让摩离开我到欧洲去作一个短时间的旅
> 行；希望在这分离的期间，能从此忘却我——把这一
> 段因缘暂时的告一个段落。这一种办法，当然是不得已
> 的，所以我们虽然大家分别时讲好不通音信，终于我们
> 都没有实行，他临去时又要求我写一本当信写的日记，
> 让他回国后看看我生活和思想的经过情形，我送了他上
> 车后回到家里，我就遵命开始写作了。

事实上，爱人应当带给你正面的力量，两个坠入爱河的
人应当共同向往更加积极和阳光的新天地。这也是徐志摩对
自己爱情的期待，也是他的老师梁启超对他的期待。于是，
从 1925 年 3 月 11 日开始，也就是徐志摩离开的第二天开始，
一直到 7 月 11 日，徐志摩回国前夕，小曼都坚持写日记。而
与此同时，身在异地的志摩，也把自己的思念和牵挂化作了

笔下的文字。他们笔下的文字，每一篇都是爱的印记，这些日记后来加以编排，就是著名的《爱眉小札》。

在与志摩的信中，陆小曼写道：

> 摩，为你，我还是拼命干一下的好，我要往前走，不管前面有几多的荆棘，我一定直着脖子走，非到力尽我决不回头的，因为你是真正的认识我，你不但认识我表面，你还认清了我的内心，我本来老是自恨为什么没有人认识我，为什么人家全拿我当一个只会玩只会穿的女子……只有你，摩！第一个人从一切的假言假笑中看透我的真心，认识我的苦痛，叫我怎能不从此收起以往的假而真正的给你一片真呢！我自从认识了你，我就有改变生活的决心，为你我一定认真地做人了。

陆小曼与王赓婚后的几年里，王赓从没有关心过她的精神生活，王赓爱小曼，但他太不解风情，他每天奔波在外，想的是怎样满足她的物质生活。恰恰是这种供养式的宠爱，让陆小曼越来越陷入那奢侈糜烂的社交中，不可自拔。这样的环境之下，她养成了很多不好的习惯，比如惰性、比如骄奢等。徐志摩尽管爱得忘乎所以，但他是看得到这些的，他希望能用爱来慢慢改变她。

这次离开，他非常担忧的就是无人督促小曼，害怕她再回到从前那种快活逍遥的日子中弥散了对新生活的信心，在其他的消遣中找到新的寄托，失去斗争的意志。他对她说："曼，我已经决定了，跳入油锅，上火焰山，我也得把我爱你洁净的灵魂与洁净的身子拉出来。"所以他不断地鼓励她写日记，希望他们保持心灵相通，徐志摩写道：

我有你什么都不要了。文章、事业、荣耀，我都不要了。诗、美术、哲学，我都想丢了。有你我什么都有，抱住你，就好比抱住整个宇宙。

小曼翻看那些志摩给她寄来的每一句爱的箴言，她就又仿佛感到他就在眼前。回想起那些和志摩在一起的往事，便又拾起力量，再做不懈的抗争。她对他说："做人为什么不轰轰烈烈地做一番呢？我愿意从此跟你往高处飞，往明处走，永远不再自暴自弃了。"

栖身大觉寺

这一年的 3 月 26 日，徐志摩到达柏林，见到张幼仪的时候，方知次子彼得在一星期前夭折了。他在殡仪馆紧抓着彼得的骨灰坛子哭泣着，还写了一篇《追悼我的彼得》的纪念文章。

接下来，徐志摩游历了苏、德、意、法等国，但他的心思一直在陆小曼的身上。在徐志摩看来，小曼是最美不过的，他不能没有小曼！他需要爱，需要小曼给他爱情的滋润，他的诗需要灵感，灵感需要在爱情中寻找。在一封信中，志摩痛苦地倾吐着对小曼的思念：

> 我唯一的爱龙（小龙是小曼另一个名字），你真得救我了！我这几天的日子也不知怎样过的，一半是痴子，一半是疯子，整天昏昏的，惘惘的，只想着我爱你，你知道吗？……
>
> 眉，我的诗魂的滋养全得靠你，你得抱着我的诗魂像母亲抱孩子似的，他冷了你得给他穿，他饿了你得喂他食粮——有你的爱他就不愁饿不怕冻，有你的爱他就有命！

徐志摩走后，身体本就虚弱的小曼更兼相思之苦，从四月份开始便多次发病。有时候她又十分后悔让志摩离开自己，凄凉焦虑之下，小曼开始招架不住了，只能盼望志摩能快点回来。为了躲避丈夫和家人，小曼天天出去跳舞、喝酒、打麻将、逛戏院，以此来麻痹自己的神经。

在四月里的一天，小曼又与母亲起了争执。那天吴曼华收到了徐志摩从海外寄来的一封信，她看了之后十分生气，马上把陆小曼叫出来，把信往她面前一扔，说："你拿去看看。"

陆小曼拿信一看，才知是徐志摩寄来的。信中满纸都是徐志摩的真情流露，他婉转地劝小曼的母亲同意他和小曼的交往，并希望她能创造条件帮助他们，为了女儿的幸福给他们一条出路。陆小曼看着看着，眼泪忍不住流了下来。她想到徐志摩一片苦心，可母亲却没有一丝同意的迹象，她真是伤心欲绝，于是拿起笔给徐志摩写信：

> 你为我太苦了，摩！你以为你婉转劝导一定能打动她的心，多少给我们一条路走走，哪知道你明珠似的话好似跌入了没底的深海，一点光辉都不让你发，你可怜的求告又何尝打得动她磐石一般硬的心呢！一切不是都白费了么？到这种情况之下你叫我不想死还去想什么呢！不死也要疯了，我再不能挣扎下去了。

在追求人生幸福的道路上，小曼是勇敢的，她甚至用自己的生命在争取这场不被世俗容纳的爱情，但她毕竟只是一个弱小女子，难以抵挡社会上那些世俗非议。父母依然和王赓站在一起，家里的安静冷清几乎让她感到窒息，身体也一天比一天差。孤苦烦闷之中，陆小曼决定到西山大觉寺去清静几天，以修养身心，暂时抛却这世间的纷扰和烦恼。

四月里的北国，天气转暖，明媚的春光渐渐呈现，离开志摩的日子，竟让小曼觉得这个春天如此难挨。这一段日子，她支撑得太累、太苦了，她要回归自己的内心，来这大觉寺，听听高僧的禅语，看看春天的生气，闻闻百花的芬芳，过一段清幽的时光，重拾久违的清净和欢畅。入寺之前，她在日记里写下了自己的感受：

> 现在我要暂时与你告别，我的爱！我决定去大觉寺休养两礼拜了，在那儿一定没有机会写的，虽然我是不忍片刻离开你的，可是要是不走又要生出事来了，只好等你回来再细细地讲给你听吧！现在我拿你暂时锁起来！爱！让你独自闷在一方小屋子里受些孤单！好不？你知道，要是不将你锁起，一定有贼来偷你！一定会有人来偷看你！我怕你给别人看了去，又怕偷了去，只好请你受点闷气了，不要怨我恨我！

大觉寺又称大觉禅寺，位于北京市海淀区阳台山麓，始建于辽代咸雍四年（1068），称清水院，金代时大觉寺为金章宗西山八大水院之一，后改名灵泉寺，明代重建后改为大觉寺。

大觉寺环境优雅，群山环抱，寺庙坐西朝东，殿宇依山而建，寺前平畴沃野，景界开阔，寺后层峦叠嶂，林莽苍郁，一股清泉从寺后石隙注入，绕石渠淙淙而下，泉水清澈，四时不竭。院内有乾隆年间从四川移来的玉兰树，花繁瓣大，色洁香浓，树龄300年上下，堪为京城玉兰之最。还有一株高大而古老的银杏树，俗名"白果王"，需六人方能合围，浓荫可蔽半个院落，据说已傲立千年之久。

大山、古庙、清泉、老树，这一方人间净土，确是修身养性的好去处。

每日清晨，耳边都传来大觉寺悠悠的钟声，小曼梳洗干净，被寺内那些旖旎的景色吸引，沿着一条古旧的青石小巷漫步而行，许久以来纷乱纠结的心绪开始回归于某种宁静。置身于这一方人间胜景，她只想尽情地享受这份难得的自由自在，在这天人合一的美景里，她甚至要将志摩也忘记在风里了。

在大觉寺的这两周里，她每天都会和一群人赏花看景，修养身心。山上那雪白的花海，是如此洁白无瑕，一尘不染，小曼看着那些花，完全沉醉了，她又多么渴望志摩能同她一起来分享这难得的好心情！起初见那漫山遍野的白，小曼还以为那是雪，山石树木全被覆盖，可身上还是夹衣，微风中带着入夏的暖气，怎么眼前却是不化的雪呢？一番打听，原来那是杏花，小曼孩子般地笑了。

夜幕降临，小曼的心情也会随着天黑而消沉，白天的烂漫春光，鸟语花香，欢声笑语，和夜晚一个人沉寂的房间形成鲜明的对比。是的，心中的忧伤一直都在，只是到了夜间才会肆无忌惮地显现，她独倚窗前，无尽的思念也随着夜色的弥漫四处蔓延。她仿佛又听见了那活泼的笑声，看见了那熟悉的身影，可是不觉一怔，眼前又什么都没有，只有那黑夜包裹里的杏林。

在大觉寺的半个月，小曼感到前所未有的身心愉悦，如此良辰美景，愈发惹起她对志摩的思念之情。可叹爱人远隔天涯，不能共享这一片人间乐土。此时此刻，小曼真的后悔让志摩离开自己了，只好在日记里一吐胸中块垒，如下是摘自《爱眉小札》里的文字：

> 摩，我再也想不到人间还有这样美的地方，恐怕神仙住的地方也不过如此了。

> 这恼人的春色，更引起我想你的真挚，逗得我阵阵心酸，不由得就睡在蔓草上闭着眼轻轻地叫着你的名字（你听见没有？）。

> 我心里也再不要看眼前的美景，一边走一边想着你，为什么不留下你，为什么让你走。

陆小曼被大自然的美丽和静谧深深吸引着，为了能与爱人长相守，她甚至天真地为两个人以后相伴想好了前景规划：

> 摩！我想到万不得已时我们还是躲到山里去罢！我这次看见好几处美丽的庄园，都是花二三千块钱买的一座杏花山，满都是杏花，每年结的杏子，卖到城里就可以度日，山脚下造几间平屋，竹篱柴门，再种下几样四季吃的素菜，每天在阳光里栽栽花种种草，再不然养几个鸟玩玩，这样的日子比做仙人都美。

可是徐志摩总也回不来，真是愁煞人也。

因为爱，所以悲伤

半个月的美好时光很快过去，一番世外桃源般的洗礼之后，小曼又重回那个生于斯长于斯的尘世，无论她愿意还是不愿意，逃不掉的。

在这一方熟悉而又陌生的天地里，陆小曼又变成了那个羸弱痛苦的女子。很快，她又在那上流社会的生活圈子中放逐着自己，在那些歌舞欢畅的喧闹里暂且摆脱烦恼空虚。志摩离开的日子，即便她对爱还有执着，但她的力量却难以对抗，只能得过且过，在舞步中神迷，在酒精中麻痹，在麻将桌上忘记，在戏院中移情。

王赓有时回来，有时离开，她早已不再关心，不闻不问。有一次王赓回来，告诉她自己又要升迁了，并向她提出了一起搬到上海去的要求。王赓之所以动了去上海的心思，一是因为东北的局势混乱，形势所逼；二是因为小曼和徐志摩的关系，也许离开这个是非之地，小曼慢慢地就会忘记徐志摩。

孙传芳的任命很快就到了，王赓从哈尔滨警察厅厅长高升为五省联军参谋长。

对于小曼父母来说，女婿的升迁，当然是天大的喜事；

可对于小曼而言，却是一个令人沮丧的坏消息。因为，就在他们举家欢庆的同时，王赓也加紧了迁往上海的动作。

有一天，小曼下楼的时候，看到桌子上放了一沓信，走过去一看，发现那都是徐志摩邮给她的。欣喜若狂之中，小曼正准备拆信，却远远地听见了马靴声。

这是王赓的声音，小曼急忙将信放好，王赓推门进来，扫了一眼桌子，问道："信收到了吗？"

看到小曼手足无措的样子，王赓解释道："前些日子你不在家，没有人收那些信，邮局昨天来的单子，今天早上我派人领回来的。"

王赓不会不知道，这些信是徐志摩写给小曼的，然而他没有因此生气，也没有把它们藏起来，这让小曼心中又惊又喜之际，不知该怎么面对他。

看着默然无语的小曼，王赓关心地问道："你身体好些了么？不要一回来就出去玩，应该多养两天的。"

王赓简单几句温暖的话语，小曼听后忽然内心一颤，抬头认真看了这个男人一眼。

小曼的异样，仿佛并没有引起王赓的注意，他随口说道："我明天就去上海，先把那边的家安顿好，等你来。"说完，上楼去了。

在一定意义上而言，王赓对小曼可谓宽容大度了，或许在别人看来，小曼真的是身在福中不知福。面对此情此景，我们或许会想到，如果小曼没有遇见徐志摩，她会不会就此和王赓携白头之好？

可惜的是，这样的假设根本无法成立。小曼心中的苦，只有她自己知道。此刻陆小曼真正需要的，不再是一个挺拔敬业的军人，而是一个热烈浪漫的诗人；身涉爱河也备受折磨的她，再也不愿回头。

王赓或许永远不知道，徐志摩如何让这个女人为他哭、为他笑，好似整个心都放在他的身上。可是他有自己的尊严，有自己表达爱的方式，面对当下的婚姻危机，他只能暂且选择坚持与忍耐。

万般焦虑与思念之中，小曼的身体每况愈下，而王赓已经在上海安排好了一切，只等她举家南下，母亲也多次督促她，该收拾收拾及早搬过去了。面对家人的苦苦相劝，孤军奋战的小曼更加苦恼不安。

5月21日，在一个酒店里，她被人含沙射影地说了几句。本来她就心情不好，在外面又被别人说三道四，她又不能辩白，当即晕了过去，一帮朋友把她抬回了家。陆小曼醒来后，胡适走到她的跟前，在她耳边轻轻地说："要不要志摩回来？"此时的陆小曼心里十二分地希望徐志摩马上飞到她的身边，但她又不敢直接地讲出来，只好含着一汪热泪对胡适轻轻地点了点头。

在陆小曼病情严重的这段时间里，王赓一直在家里待着，心里着急，却不知道怎样去安慰妻子，但他觉得在她身边，心里会踏实些。他当然知道是怎么一回事，可他也只能得过且过了。看到妻子病成这样，他只能暂时收回成命，让小曼在北京住上几天，先把病养好。他是爱小曼的，可两人性情不同，他不知道怎么去爱才能挽回妻子的心，王赓也陷入了极端的苦闷之中。

深林阔壑　　　　　远山梵歌

福寿无边

梅屋图

春夜宴桃花园　揲李白《春夜宴从弟桃花园序》诗意

6月20日，陆小曼出院了，但她的身体还很虚弱，便在家里静养。她每天要丫头给她去买《晨报》，因为在《晨报》的副刊上也许会有志摩从国外寄回来的文章。到6月中下旬，她果然看到了几篇志摩的文章，顿觉心里宽慰了许多，好像他就在身边一样。

6月28日，病中的陆小曼抽空看了一篇外国小说《The Painted Veil》(萨默塞特·毛姆的《面纱》)。书中的女主角为了爱，经过千辛万苦的奋斗，才达到了目的，可是欢聚了没有多少日子丈夫就死了，留下她孤孤单单地跟着老父苦度残年。陆小曼看了此书，觉得书中的故事太残酷了，不由得哭了。那时，她根本不会想到的是，接下来她的人生经历会和书中的情节如此相似。

二十多天过去了，小曼的身体渐渐好些的时候，王赓写来了一封信，要小曼立刻到南方去。王赓的信口气严厉，笔锋尖锐，像是长官在下达命令。

小曼丢下信，冷冷地说："我愿意去便去，不愿意去就不去，难道能把我抢去不成？"

母亲吴曼华像是中了王赓的蛊毒，看到小曼漫不经心的样子，忽然气不打一处来，大声喝道："你说得容易，嫁鸡随鸡，嫁狗随狗，这是古话！不去算什么？"

母亲的话，让小曼又气又急，但还是耐着性子答道："去还是不去，可以从长计议，何必如此着急？"面对家人的步步紧逼，小曼只能暂且采取缓兵之计，也许志摩回来，一切就好了。

"不行，不能再等，马上就走，现在就回去收拾 这个星期就动身，我陪你一起去！"

一向优雅温婉的吴曼华似乎有些气急败坏，语气更加严厉。在她看来，小曼必须尽快走，夜长梦多，志摩一旦回来，情况一定会更加糟糕。

母亲的口气和王赓信中如出一辙，仿佛不可违背的军令。

母亲这是怎么了？昔日的那些疼爱和娇宠哪儿去了？

小曼真的有些迷茫了，满脸的不解和无助，气急之下，竟然昏了过去。

许久，小曼醒了过来，望着守在自己身边的父母，痛心地说道：

"爹、娘，南方我是不会去的，如果你们硬是要我去，我会被逼死的！"

此情此景，吴曼华再也控制不住情绪，对着小曼哭喊起来："好！要死大家一起死！"

父母声泪俱下，苦苦哀求，要她再给王赓一个机会，若是王赓再待她不好，无理取闹，父母会出面替她与王赓离婚，决不食言。

看着老泪纵横的母亲，小曼痛苦万分。自己这是怎么了？真的要拼个鱼死网破吗？

也许，自己折腾得够多了，原本多么幸福快乐的一家人，如今却面目全非，一片狼藉。

是的，人生总会有遗憾，自己舍命追求的一切也许太过奢侈，年迈的父母再也经不起这种折磨了。小曼忽然意识到了自己的残忍和不孝，也忽然感到自己累了、倦了。

她不能因为自己一个人的幸福再去折磨年迈的父母了，

她不能再为自己一个人的快乐去惹父母伤心了。心中带着伤的她回到家中，翻开那本日记，写下了最后一篇：

摩！我今天与你永诀了，我开始写这本日记的时候本预备从暗室走到光明，忧愁里变出欢乐，一直地往前走，永远地写下去，将来若是到了你我的天下时，我们还可以合写你我的快乐，到头发白了拿出来看，当故事讲，多美满的理想！现在完了，一切全完了，我的前程又叫乌云盖住了，黑暗暗的又不见一点星光。

摩！唯一的希望是盼你能在二星期中飞到，你我做一个最后的永诀。以前的一切，一个短时间的快乐，只好算是一场春梦，一个幻影，没有留下一点痕迹，可以使人们纪念的，只能闭着眼想想，就是我惟一的安慰了。从此我不知道要变成什么呢？也许我自己暗杀了自己的灵魂，让躯体随着环境去转，什么来都可以忍受，也许到不得已时我就丢开一切，一个人跑入深山，什么都不要看见，也不要想，同没有灵性的树木山石去为伍，跟不会说话的鸟兽去做伴侣，忘却我自己是一个人，忘却世间有人生，忘却一切的一切。

摩！我的爱！到今天我还说什么？我现在反觉得是天害了我，为什么天公造出了你又造出了我？为什么又使我们认识而不能使我们结合？为什么你平白地来踏进我的生命圈里？为什么你提醒了我？为什么你来教会了我爱？爱，这个字本来是我不认识的，我是模糊的，我不知道爱也不知道苦，现在爱也明白了，苦也尝够了，再回到模糊的路上去倒是不可能了，你叫我怎么办？

我这时候的心真是碎得一片片地往下落呢！落一片痛一阵，痛得我连笔都快拿不住了，我好怨！我怨命，我不怨别人。自从有了知觉我没有得到过片刻的快乐，这几年来一直是忧忧闷闷地过日子，只有自从你我相识后，你教会了我什么叫爱情，从那爱里我才享受了片刻的快乐——一种又甜又酸的味儿，说不出的安慰！可惜现在连那片刻的幸福也没福再享受了。好了，一切不谈了，我今后也不再写什么日记，也不再提笔了。

现在还有一线的希望！就是盼你回来再见一面，我要拿我几个月来所藏着的话全盘地倒了出来，再加一颗满含着爱的鲜红的心，送给你让你安排，我只要一个没有灵魂的身体让环境去践踏，让命运去支配。

你我的一段情缘，只好到此为止了，此后我的行止你也不要问，也不要打听，你只要记住那随着别人走的是一个没有灵魂的人。我的灵魂还是跟着你的，你也不要灰心，不要骂我无情，你只来回地拿我的处境想一想，你就一定会同情我的，你也一定可以想象我现在心头的苦也许更比你重三分呢！

要是我们来不及见面的话，你也不要怨我，不是我忍心走，也不是我要走，我只是已经将身体许给了父母！我一切都牺牲了，我留给你的是这本破书，虽然写得不像话，可是字字是从我热血里滚出来的，句句是从心底里转了几转才流出来的，尤其是最后这两天！哪一字、哪一句不是用热泪写的？几次写得我连字都看不清，连笔都拿不动，只是伏在桌上喘。我心里的痛也不用多说，我也不愿意多说，我一直是个硬汉，什么来都不怕，我平时最不爱哭，最恨流泪，可是现在一切都忍受不住了。

摩，我要停笔了，我不能再写下去了；虽然我恨不得永远地写下去，因为我一拿笔就好像有你在边儿上似的，永远地写就好像永远与你相近一般，可是现在连这唯一的安慰都要离开我了。此后"安慰"二字是永远不再会跑上我的身了，我只有极大地加速前跑；走最近的路——最快的路——往老家走罢，我觉得一个人要毁灭自己是极容易办得到的。我本来早存此念的：一直到见着你才放弃。现在又回到从前一般的境地去了。

此后我希望你不要再留恋于我，你是一个有希望的人，你的前途比我光明得多，快不要因我而毁坏你的前途，我是没有什么可惜的，像我这样的人，世间不知要有多少，你快不要伤心，我走了，暂时与你告别，只要有缘也许将来会有重见天日的一天，只是现在我是无力问闻。我只能忍痛地走——走到天涯地角去了。不过——你不要难受，只要记住，走的不是我，我还是日夜的在你心边呢！我只走一个人，一颗热腾腾的心还留在此地等——等着你回来将它带去啊！

情真意切，字字锥心，是痛苦的诀别，更是难舍的留恋。

除了一颗破碎的心，小曼再无抗争的气力。忍痛写完这篇日记，小曼出门拍了让志摩回来的电报，希望能做最后的诀别。

好事多磨

接到陆小曼的电报，正在欧洲游学的徐志摩立马动身，日夜兼程。1925年7月末，归心似箭的徐志摩回到北京。

前门车站，志摩没有寻见小曼熟悉的身影。他归，她未迎。

他，望眼欲穿。她，身心俱疲。

这时王赓已去上海，得知志摩回来的消息，母亲吴曼华更加强了对小曼的看管。

心急如焚的志摩只能前往小曼家中探望，一对有情人才得以相见。可是，他们除了心照不宣的默默相望和客套无聊的寒暄问候，却没办法一吐相思之苦。吴曼华就在身边，他们纵有千言万语，却也只能再找机会宣泄。

苦苦等待之中，在一次朋友的聚会上，两人得以再次相见。可是却有那么多眼睛看着他们，陆小曼只能装作满脸高冷，只和别人跳舞，就是不能理志摩。这让徐志摩又急又气，他有些不明白，小曼这是怎么了？日思夜想，终得一聚，心心相印的爱人，如今却形如路人，他真的对泰戈尔的诗深有体会了：

世界上最遥远的距离，不是相隔千山万水，而是我就在你的身边，你却拒之千里。

此后不久，在朋友们的帮助下，苦苦相思和等待之中的他们，终于有机会单独相处了。

林徽因的父亲林长民是个有心人，他想法找了一个机会，带陆小曼和徐志摩同游。瀛台宫湖，水色天光，两个人倾尽衷肠，终于才算是能痛痛快快说几句话了。不独是林长民，胡适也非常有心，不久后也设法约二人同游北海，给二人创造了一次难得的独处机会。

那一次约会，正当酷暑难耐的八月天气，一处僻静之地给他们提供了一片清凉。热恋中的情人相见，只一个久违的拥抱，之前所有的顾虑和疑惑完全化为乌有。小曼满腔的委屈，也全都释然了。历经几个月的别离之苦，她的爱人回来了，她的生命回来了。她那些准备的"诀别"的话，此时全都说不出口了，她感到自己的心又振作起来了，在日记里留下了这样的叙述：

这几个月里的离情是痛在心头，恨在脑底的。究竟血肉之体敌不过日夜的摧残，所以不久我就病倒了。在我的日记的最后几天里，我是自认失败了，预备跟着命运去漂流，随着别人去支配；可是一到他回来，他伟大的人格又把我逃避的计划全部打破。

她又回到了原点，之前答应父母的那些话，自以为的那些牺牲，瞬间在这个男人面前又都失效了，那些坍塌了的坚持，那些瓦解了的力量，瞬间重生，熊熊爱火再度燃在心头。

这一次相聚，他们都觉得"今天早上的时刻，过得甜极了"。只是他们的相会是偷偷摸摸的，在朋友们的帮助下，两个人悄悄地见一面，再见一面，像做贼一般。

终于，两个人的欢好到头了。陆家发现他们的异动后，对陆小曼的管制越来越严了。而且，小曼已经答应了父母同去上海定居，她必须兑现承诺，实在不忍让他们再为自己伤心。

现在志摩回来了，小曼将何以自处？

小曼将在 8 月底南下，与住在上海的王赓会合，这是最后的期限。随着时日的临近，两人再度陷入痛苦烦恼之中。

徐志摩一直没有放弃对前途的渴求。在种种困难面前，他常常鼓励陆小曼一起战胜困难。徐志摩害怕再次失去小曼，害怕她南下后离婚就变得遥遥无期，害怕命运再次夺走他的爱，他做了各种尝试，包括他亲自出马拜访小曼的母亲，小曼的母亲责骂他："你不要来妨碍别人家庭的生活，让一个幸福的家庭无法过日子！"

徐志摩非常难堪，他对小曼的母亲又恼又恨，他曾在日记中怒不可遏地写道："你娘的蛮横真叫人发指。"自己不行，便请胡适帮忙。他给胡适写信："眉踪影全无，料来还在上海，我离南前大致见不着了。适之你替我想想！我二十日到京。"

这一年的 8 月 24 日，胡适向陆母开了口。胡适是中国有名望的学者，因此吴曼华对他还比较客气，对他说："我何尝不知道他们两人相爱，但王赓也是爱她的。这种有伤风化的事真的做了，要我们两个做老人的面子往哪儿放？"

胡适最终无功而返。

志摩灰心至极，决定暂且离开小曼，先去看望住在上海的父母。临行前，几近绝望的他找了老友刘海粟，请他帮忙继续做陆母的工作，把最后的一线希望寄托在他的身上。

　　刘海粟是江苏常州人。画家、美术教育家。1924年，刘海粟求见泰戈尔，徐志摩给他们做翻译，两人成为至交。刘海粟早年因为不满父母的包办婚姻，用逃跑的方式与之抗衡，也是一个封建婚姻的叛逆者，从精神层面上，他和徐志摩很相近。刘海粟非常理解徐志摩和陆小曼目前的处境，决定鼎力相助，去当二人爱情的"急先锋"。

　　很快，刘海粟答应送小曼一家南下上海定居，以便继续做劝说工作。徐志摩高兴得像个孩子一样，刘海粟道："志摩，你不要想得太乐观，这件事不是简单的。"志摩说："只要你用心去办，准能办好。我也把希望放在你身上了。"

　　志摩到了上海的第二天，小曼和母亲也启程南下，这一次陆小曼痛快地答应和母亲一同南下，是因为她知道徐志摩也去了上海，而他们的好友刘海粟也如约一同前行。

　　火车上，刘海粟和陆母坐在一起，他当然知道，在这场"斗争"中，陆母才是关键。一路之上，刘海粟动之以情，晓之以理，苦口婆心地将这件事的利害关系进行了透彻的分析。最后，他问道："到底是家族的脸面重要，还是小曼一辈子的幸福重要？"

　　无须再多的言语，这一句话击中了陆定夫妇的痛处。

　　是啊，他们又何尝不心疼自己的女儿呢？陆家的掌上明珠、唯一的孩子，他们又如何能忍心看着小曼如此受折磨？他们又何尝不希望女儿的婚姻美满幸福？

可是，王赓是他们相中的女婿，他对小曼的好，他的孝顺，他们看在眼里、记在心里，他没有半点对不起他们陆家，而是小曼对不起他，现在还要逼着二老也对不起王赓，他们又于心何忍？

刘海粟当然也看出了陆定夫妇的心理障碍，他进一步安慰他们说，小曼和王赓的分离，对谁都无害处，而王赓苦守着一段没有感情的婚姻也是无味的。

面对刘海粟的劝导，吴曼华无奈地叹了一口气，算是默认了。

人间自是有情痴，等他们下了火车，却发现徐志摩已经在车站等候多时了。本来已经被刘海粟说动心的陆母，一看到徐志摩，心里面的无名火又燃烧起来。愤怒之下，她拉着女儿转身便走，留下徐志摩一个人在站台上怔怔地发呆。

于是，来到上海的陆小曼，又被母亲看管起来。

这样的情况，是陆小曼之前所担心的。陆母不知道徐志摩也在上海，所以小曼坚决不让徐志摩来接站，偏偏那个痴情的男子没有听从她的嘱咐。

这样一来，他们见面就难上加难。苦苦相思之下，徐志摩甚至想要和陆小曼私奔，再不管这些牢笼枷锁和那些纷乱的杂言碎语，只求和她永远在一起，共同取暖。

无论如何，王赓如愿以偿，小曼终于来到了他早已在上海安排好了的家。可是，安身和安心从来都是两回事，更何况是对于早已经身心合一的那一对爱侣？王赓或许可以关得住小曼的身，却永远无法关住她的心。眼看着陆小曼整日魂不守舍，王赓于心不忍了，同意给陆小曼和徐志摩五分钟的会面时间。

那样的情形之下，王赓如此宽容大度，也真的是可以了。

五分钟的相会，甜蜜而忧伤，短暂而又漫长。

那次分别之后，徐志摩望穿秋水，希望能再与陆小曼见一面。

痴心之下，他甚至秘密谋划了一起游西湖的计划，却因为被陆小曼的母亲识破，最后只是空等了一轮忧伤的明月。

"功德林"大摆鸿门宴

相见时难别亦难。为了尽量避免再起波澜，吴曼华不得不加强对陆小曼的管束，再难见到陆小曼的徐志摩，只得暂且回到了北京，失望而且无奈。

徐志摩的离去，让吴曼华暂且安下心来。看来南下上海是对的，此后自己的宝贝女儿也许可以安分下来，和王赓一起打理他们自己的小日子了。

志摩离开上海的这一段日子，王家的确安静了许多。王赓仍然在认真地忙他的公务，小曼则宅在家中，几乎不再外出参加交际活动。

仿佛岁月静好，夫唱妇随。然而，好景不长，一度沉寂下来的小曼注定过不来这种压抑无聊的生活，两人之间再起争执，爆发了一次不小的冲突。

初到上海的那一段日子，王赓非常忙碌，没有时间陪陆小曼，为了安全起见，每次临行前总是嘱咐小曼不要随意单独外出。小曼因此有些生气，认为他限制了自己的自由，不解人情世故。尽管如此，小曼还是照顾了王赓的感受，不再像从前一样无拘无束。

之前的陆小曼，曾和当时上海名媛唐瑛并称为"南唐北陆"。小曼从北京迁居上海之后，为了尽地主之谊，唐瑛常常和朋友一起邀请陆小曼吃饭跳舞。在一次同伴来邀请她的时候，她并没有答应。见此情形，便有些人开玩笑说："我们总以为受庆（王赓的号）怕小曼，谁知小曼这样怕他，不敢单独跟我们走。"边说边拉着她往外走。

刚要上车的时候，恰好被回来的王赓看到了，他觉得小曼把自己的话当作了耳边风，一时十分恼怒，大声地责骂她："你是不是人？说定了的话不算数。"

看到这样的场面，刚刚拉陆小曼去跳舞的那些同伴十分尴尬，很快都散去了，只留他们两个人在原地。

陆小曼真的被惊住了。刚刚还被同伴嘲笑，现在又被王赓当面辱骂，她什么时候受过这样的待遇？醒过神来的陆小曼，满腹的委屈一下爆发上来，她再也不要和这个男子共度一天了，她再也不能忍受他的粗暴和强势。

又气又恨之下，陆小曼第二天就找到母亲，吵着非回京不可，声称今后再不回王家，准备侍奉他们二老终老。吴曼华听后也十分气愤，没想到王赓在人前这样不给小曼面子。

一时气恼之下，母女俩再度回到北京，小曼将在上海受王赓当众辱骂的事告知了父亲，陆定听后也非常生气，表示支持女儿的行动。可是母亲坚决不同意女儿和王赓离婚，为这件事家中经常不和。

风闻小曼的艰难处境，徐志摩回北京后又找到了刘海粟。

刘海粟深感此事棘手，徐志摩看他犹豫，就说："海粟，这样下去小曼是要愁坏的，她太苦了，身体也会垮的。"

一句话打动了刘海粟。当年的他，就是不满封建婚姻而逃出来的，而且陆小曼也算是他的学生。看到两人如此痛苦，一向视反封建为己任的他岂能袖手旁观？刘海粟答应继续想法做工作。

身处那一个时代的中国，况且这一场感情三角里的当事者都是大上海的风云人物。接下来，刘海粟又该如何成功解决这一旷日持久的爱情难题？

第一步，刘海粟决定还是先从陆小曼的母亲身上寻找突破口。

见到刚刚回到北京的吴曼华，刘海粟开门见山说道："老伯母休怪我轻狂雌黄，我学的虽是艺术，但我也很讲实际。目前这样，把小曼活活逼到上海，又能解决什么问题？她和王先生就能白首偕老吗？小曼心里也是苦，整日里跟你们两老闹的话，你们也得不到安宁啊！"

陆母叹息道："我们何尝不知道，可是因为我们夫妇都喜欢王赓，才把亲事定下来的。我们对志摩印象也不坏，只是人言可畏啊！"刘海粟讲了许多因婚姻不自愿而酿出的悲剧，但是吴曼华始终下不了决心。她说："老实说，王赓对我们两老还算孝顺，对小曼也还算厚道，怎么开得了口要他和女儿离婚？"刘海粟就对陆母说："如果晓之以理，让王赓自己有离婚的念头，这样便不难为二老了，你看怎样？"陆母说："恐怕没那么容易吧？"

刘海粟见陆母心神不定，就要陆母听他安排。最后他们商定，由刘海粟陪陆小曼母女去上海，再寻机找王赓商谈。

临行那天，除了胡适、徐志摩外，还有不少北京的学者教授以及闺阁名媛都来桂送小曼母女。刘海粟看到有这么多的名流来送小曼，又看到小曼光彩照人的模样，就悄悄地对志摩说："你能得到这样一位情人，实在是福分不浅啊！"

人间自是有情痴。第二天，徐志摩也追到了上海。

第三天，刘海粟便在上海有名的"功德林"素菜馆设了一大桌宴席，

"功德林"位于南京路旁，1922年由杭州城隍山常寂寺维均法师的弟子赵云韶创立，原本就是佛门的结缘之地。这一处因缘际会之地，接下来会发生怎样让人难忘的故事呢？

宴席之上，刘海粟广邀宾朋。所请的客人中，除主角王赓、小曼母女、徐志摩外，还有张幼仪的哥哥张歆海和张君劢、杨杏佛、李祖德、唐腴庐以及她的表妹唐瑛。

到场者，全都是民国时代上海各界的名流。所有人都知道，这一场宴席，即将成为一场意味深远的鸿门宴。

徐志摩虽然热切期待着这场宴会的到来，但真正临场的时候却还是非常紧张。面对他深爱着的陆小曼，面对这么多人，他要从王赓面前公然夺走她，而且还如此义气凛然，心中不免惭愧。到场的朋友大都站在了他这一边，反倒给了他很多压力，他忽然觉得非常对不起对面的王赓，这是他昔日曾经亲密无间的友人和同门。可是爱情来得如此猛烈，他早已经顾不了许多，正是神圣无比的爱情的力量，让他有了今天坐在这里的勇气。

相比于徐志摩的局促不安，陆小曼当天却非常沉得住气。她没有刻意地去看志摩，她还不能让身边的王赓太难堪，她只是优雅地和大家打招呼，坐下后就跟母亲讲些悄悄话，一

如往日的仪态万方。

宴席开始的时候，竟一时陷入了沉默和尴尬。之后，刘海粟也只是招呼大家吃菜。张歆海终于忍不住了，冲着刘海粟问："海粟，你这个'艺术叛徒'到底请我们来干吗？你那葫芦里卖的是什么药啊？"

张歆海的话正好引出了刘海粟的话题。他端起酒杯说："今天我做东，把大家请来，是纪念我的一件私事。当年我拒绝封建包办婚姻，从家里逃了出来，后来终于得到了幸福婚姻。来，先请大家干了这一杯。"

唐瑛问刘海粟逃婚时，哪里来的勇气，难道不怕别人的非议吗？而且这是父母之命，不怕不孝吗？

这个问题也正是徐志摩和陆小曼的映射，刘海粟自是侃侃而谈。

他说，别人议论都是一时的，很快就会消失；自己的婚姻是一世的，难道顾了这一时，就要忍受一世的苦？每个人都有追求幸福的权利，别人非议两句，就改变了自己的生活，这不是为别人而活吗？那些说闲话的可不管你幸福不幸福的。说到不孝，如果夫妻反目，家庭不和，父母能安心静享清福？这才是真的不孝呢，哪个父母又忍心看自己的儿女不幸？

这个话题一开，新婚的张君劢也接起话来，谈起自己的往事："我这么大年纪才结婚，是因为我很明白，婚姻这个东西啊，一定要以感情为基础，记得当年我不肯屈从父母的安排逃出去读书。志摩呢，他是个独子，也许当年正是少了一点逃出的勇气，这才和舍妹结下了这段痛苦的姻缘。这段婚姻的失败我作为兄长虽然很难过，但我非常理解和同情，事实上，他们离婚以后，能够成为很好的朋友，这也证明了男女之间的爱情和友谊是两种不同的成功，并非要捆成怨偶才能算是圆满的人生嘛。我祝愿大家都能找到自己的幸福和圆满的人生！来！干杯！"

张君劢是徐志摩前妻张幼仪的哥哥，如果按照常理来讲，他应该会因为妹妹的事情记恨徐志摩，但恰恰相反，他们是亲密无间的朋友。当年也正是因为他欣赏徐志摩的才情和人品才将妹妹介绍给他的。现在徐志摩和张幼仪离婚，他也并不责怪志摩，因为他对爱情和婚姻的观念和志摩非常相似，都非常开放和坦荡。

刘海粟继续说："大家都干了这杯酒，表示大家对我的举动很支持。大家知道，我们正处于一个社会变革的时期，新旧思想和观念正处于转换阶段，封建余孽正在逐渐地被驱除。但是，"刘海粟加重语气说，"封建思想在某些人的脑子里还存在，还冲不出来。我们都是年轻人，谁不追求幸福？谁不渴望幸福？谁愿意被封建观念束缚住手脚呢？"

他继续说："所以我的婚姻观是：夫妻双方应该建立在人格平等、感情融洽、相互理解的基础上。妻子绝不是丈夫的点缀品，妻子应该是丈夫的知音。'三从四德'的时代已经过去了！"刘海粟越说越来劲儿，他又举起了杯子："来，我们祝愿天下夫妻都拥有幸福美满的婚姻！干杯！"

大家为刘海粟充满激情的讲话所感染，纷纷站起来干杯。

大家举杯共饮。陆老夫人紧张了，偷偷看了女婿王赓一眼，却见王赓不动声色。

不过王赓迟疑了一下，似乎在思索着什么。看到大家都起来了，他才站起来，和大家一一干杯后，他给自己倒了一杯，对刘海粟说："海粟，你讲的话很有道理，我很受启发。来，我敬你一杯。"

和刘海粟干杯后，王赓又给自己倒了一杯，这次他举杯向众人祝愿，说："愿我们都为自己创造幸福，并且为别人幸福干杯。"饮干之后，他不失风度地说："我今天还有些事情，要先走一步了，请各位海涵。"转而对小曼说："小曼，你陪大家坐坐，待会儿随老太太一起回去吧！"

酒宴上觥筹交错，王赓心中自然知道这一切都是给他一个人设计的，他如何听不出那些弦外之音呢？他明白他将永远失去小曼了。

对于当下的他，最好的选择就是放下。

突出围城

"功德林"宴会后，志摩、小曼都在焦急地等消息。特别是小曼，每次见到丈夫都不敢看他。奇怪的是王赓也不跟她多讲话，至于宴会上的话题，在他们夫妻间也没有再展开讨论过。陆小曼看着丈夫毫无动静，又有些讨厌起他来，她感到似乎是太乐观了，世上绝没有这么省力的事，一时猜不透他在想着什么东西。

小曼在家里得不到丈夫给她所期望的结果，在外面又和志摩失去了联系。徐志摩在外等消息也等得心灰意冷，看着一时不会有什么希望，就带着深深的失落跑回北京去了。

就这样过了极其沉闷的两个月，这段时间里王赓看上去很忙，心情也很烦躁不安。有一次，他无缘无故地对小曼发起火来，小曼觉得十分委屈。

就在陆小曼感到绝望的时候，有一个晚上，王赓终于打破了闷葫芦。他把正要去睡觉的妻子叫住，对她说："小曼，我想了很久很久，既然你跟我一起生活感到没有乐趣，既然我不能给你所希冀的那种生活，那么，我们只有分开。宴会后的这两个月里，我一直在考虑，我感觉到我还是爱你的，同时我也在给你一段时间考虑，你觉得你和志摩是否真的相配？"隔了一会儿，他看陆小曼闭口不言，就说："看来，你意已定，那么，我也不再阻拦。"

小曼哭了，她霎时想到了丈夫的种种好处，虽然他以往有时对她态度不好，但心底里还是爱她的。

王赓安慰她说："你别哭，我是爱你的，但是我平时对你不够关心，这是我的性格所决定的。你和志摩都是艺术型的人物，一定能意气相投，我祝福你和志摩以后能得到幸福。跟我在一起，你不幸福，我有责任。我让你走，你不幸福，我同样有责任。"末了，他又补充说："手续我会在几天后办好的。"

听着王赓的话，陆小曼唯有不断地哭，不知是由于悲伤还是因为突然到来的幸福。

没有人知道王赓做了怎样的思想斗争，他不倾诉，不拉外援，不博同情，不哭求。事后，他对刘海粟说："我并非不爱小曼，更舍不得失去小曼，但我希望她幸福。她和志摩都是艺术型人物，一定能志趣相投。今后作为好朋友，我还是要关心他们的。"

王赓当时已经做到孙传芳的五省联军参谋长，一个威名赫赫的将军，就这么声色不动，真是大气度。

可是，就在王赓答应和她离婚不久，她突然发现自己有了王赓的骨肉，这一发现让她痛苦万分。

如果选择把孩子生下来，那她将很难和王赓离婚，也就无法和徐志摩结合，两年来的努力付之东流；如果选择打掉，又觉得太残忍，也对不起王赓。

何去何从?

当时，她母亲坚决要她把孩子生下来，考虑再三，为了苦苦追求来的爱情和自由，陆小曼选择了流产。于是，她决定既不告诉徐志摩，也不让王赓知道，苦果只由自己一个人品尝。她偷偷地带了个贴身丫头，找到一个德国医生做手术，对外则谎称身体不好去休养一段时间。没料到手术非常不成功，从此落下了严重的妇科疾病，不仅不能生育，自诉"一过夫妻生活就会昏厥"。日后徐志摩想要个孩子，陆小曼强颜欢笑："你不是有阿欢了吗?"（阿欢是徐志摩与发妻张幼仪所生育的儿子）包括她的干女儿，也都是不能生育以后认下的，焉知不是聊胜于无的心痛? 就是她后来染上吸大烟的毛病，也与此有关。至于徐志摩，不能和所爱的女人有一个亲生的骨肉，心里也是很难过。

又两个月后，王赓被派往上海，前去购买一批军火。交易对象是一个白俄人，拿到王赓支付军火的钱后，竟然立即携巨款逃跑，王赓因此被关押了起来。而就在此时，急于离婚的陆小曼派律师李祖虞把离婚协议送到了他的面前。

身在狱中的王赓痛痛快快签了字，还了她自由。

此外，王赓还给徐志摩写过一封短信：我们大家是知识分子，我纵和小曼离了婚，内心并没有什么成见；可是你此后对她务必始终如一，如果你三心二意，给我知道，我定会以激烈手段相对。

1925 年底，陆小曼与王赓解除维持了 4 年的婚姻关系，离婚时陆小曼年仅 23 岁。

第四章

有情人终成眷属

柳暗花明

为情坚守，因爱奋争，1925年底，陆小曼离婚成功。

徐志摩并不知道这个消息，他们已经有日子没联系了，而且陆小曼身子也不好，等恢复后离沪北上去寻徐志摩，几经打探辗转才找到他。当她将离婚的消息告诉志摩的时候，几乎是一路跑来的，她扑到志摩的怀里，再也不愿意离开。二人相见的时候，蒋复璁和张慰慈也在场。陆小曼告诉徐志摩，自己已是自由身了，徐志摩喜极忘形，跳了起来，倒吓坏了这两个旁观者。

徐志摩去了陆小曼家，张歆海和张慰慈也在。张歆海也曾对陆小曼有意，只是那时徐、陆二人早已心有所属。他对陆小曼说："恭喜你自由了。"陆小曼说："我要结婚的。他给我的那一片纯洁的真情，使我不能不还他整个的、从来没有给过人的爱。"

民国里最惊艳于世的爱情奇缘终成正果，虽然有些迟，却也成就了一段才子佳人的美丽佳话。

这份自由和幸福来得太不容易，其中的离合悲欢，只有当事人自己知道。可是，久违的幸福快乐还没好好体味几天，陆小曼又陷入了重重困顿之中。虽然陆小曼和王赓离婚了，但她和徐志摩的婚事还是遭受到来自两方面的巨大压力。

一是陆小曼母亲的反对。陆母一直不同意女儿和徐志摩来往，与王赓签离婚协议也是陆小曼的父亲背着她办的，事后吴曼华十分生气，夫妻俩因此还大吵了一场，经亲友劝解后才平息。

徐志摩在陆小曼和王赓离婚后，经常去陆家走动，陆母还是有意排挤他，而徐志摩对陆母却始终十分恭敬。由于陆小曼有病，陆母也不能坚决不准徐志摩来探望自己的女儿。很明显，女儿的病情好坏和徐志摩的来访有很大的关系，女儿是心病，而徐志摩是唯一的良方。吴曼华终究是疼女儿的，她也心软了，当徐志摩委托胡适向她提出与其女结婚的请求时，她最后同意了，但向胡适提出了两个要求：

一、要请梁启超证婚，因为梁启超在全国素有名望，又是徐志摩的老师；

二、要在北京北海公园图书馆的礼堂里举行婚礼。

梁启超是徐志摩的恩师，地位尊崇，请他证婚，自然能够正世人视听，为二人结合争得一个合情合理的稳固的社会舆论环境，陆母为女儿着想的心思不可谓不深细；要在北海公园图书馆的礼堂举行婚礼，是将公益的大场合挪作私用，这个也没有先例。

当时要办成这两件事都有相当的难度，但胡适最终都办妥了。

另一个压力来自徐家，志摩的双亲对这门婚事依然不同意。

在陆小曼和徐志摩的爱情路上，胡适付出了很多心血。这一次，胡适又被徐志摩哀求着去见其父，陆小曼也低声下气写信去求胡适："先生，并非我老脸皮求人，求你在爹娘面前讲情，因为我爱摩，亦须爱他父母，同时我亦希望他二老爱我。我受人的冷眼亦不少了，我冤的地方只有你知道。"

成人之美，玉汝于成。胡适忍辱负重去拜见徐父，结果无功而返。徐志摩只好亲自去见父亲，请他成全。

徐申如认为儿子离婚已是大逆不道，再娶一个有夫之妇更是有辱门风。再则他不喜欢陆小曼，认为这样的女子不会给徐志摩带来安定的生活。徐志摩从南到北来回奔波，苦苦哀求二老同意他们的婚事。看到儿子失魂落魄的样子，徐申如开始心软了，最后无奈地说，你们要想结婚可以，得张幼仪亲自点头同意。

这算怎么一回事？

可是徐父就是如此坚持，因为在他心里，贤惠、安静、能干、孝顺的张幼仪才是他徐家的好儿媳。

还有，徐申如一直认为，儿子和张幼仪在德国的离婚没有征得双方父母的同意，是不作数的，他也是不承认的。他一定要亲自听到张幼仪的意见才行。

1926年初，张幼仪取道西伯利亚回国，由于战争的原因，直到当年夏天才回到上海。到达上海的第二天，张幼仪就到张园徐家拜望公公徐申如。徐申如有些急切地问她："幼仪，你和志摩离婚是真的吗？"张幼仪是个聪明人，早已从哥哥张歆海处知道了志摩的恋爱进程，她看了看一旁的徐志摩，淡然答道：“是真的。”

听到张幼仪的回答，徐申如显然有些失望，他继续问："那你反对他和陆小曼结婚吗？"

张幼仪略迟疑了一下，然后答道："我不反对。"后来又补充说："我对陆小曼没有敌意，她和徐志摩之间发生什么事，是他们的事，因为我已经和他离婚了。"

徐申如对这个"儿媳妇"第一次感到失望，不觉轻轻叹了口气。

这时，徐志摩却高兴得像个孩子一样，站起来向着他的前妻说："谢谢你。"说完跑到窗口，伸出手臂，好像要拥抱整个世界似的。没想到他手上的戒指一下从开着的窗口飞了出去，志摩的表情霎时变得惊恐万分，因为那是陆小曼送给他的订婚戒指。徐志摩马上下楼去找，可找来找去，最后也没找到那枚戒指。

过了"前儿媳"这一关，徐申如还是不肯痛快地答应。7月，徐志摩在硖石的西山上和父亲做了恳切的交谈，结果也不顺利。后来，经胡适、刘海粟等人出面周旋，徐申如最后勉强答应，但他也有三个条件：

一、结婚费用自理，家庭概不负担；

二、婚礼必须由胡适做介绍人，梁启超证婚，否则不予承认；

三、婚后必须南归，与翁姑同居硖石。

徐志摩未敢违抗父命，这三条全部应允。

这三条看似简单，其实都是极有针对性的，第一条和第三条很显然是为了避免小曼婚后还像从前一样挥霍度日，铺张浪费，希望回到硖石可以安分守己。此时，他们也对陆小曼还有一些幻想。第二条，是因为胡适和梁启超都是社会名士，他们在社会上德高望重，如果他们能担任介绍人和证婚人，将为徐家赢回些声誉。徐申如如此考量，当然自有他的道理，看似对徐志摩苛刻，实质上是情之深、意之切的表现。

可怜天下父母心，儿媳虽然不是徐申如夫妇喜欢的，但是毕竟这是儿子的大事，在家乡，他们还为儿子盖了一座两层小洋楼的婚房。作为名噪一方的一代富商，徐申如为儿子筹建的新居，在这一带绝对算是独树一帜、中西合璧的高档住所了。

无论如何，经过无数次的抗争，终于迎来了爱情的瓜熟蒂落。1926 年 7 月 17 日，身在硖石老家的徐志摩在信中给远方的爱人描绘着他们的新居：

> 新屋更须月许方可落成，已决定安置冷热水管。楼上下房共二十余间，有浴室二。我等已派定东屋，背连浴室，甚符理想。新屋共安电灯八十六，电料我自去选定，尚不太坏，但系暗线，又已装妥，将来添置不知便否？眉眉爱光，新床左右，尤不可无点缀也。此屋尚费思量，因旧屋前进正挡前门，今想一律拆去，门前五开间，一律作为草地，杂种花木，方可像样。惜我爱卿不在，否则即可相偕着手布置矣，岂不美妙。楼后有屋顶露台，远瞰东西山景，颇亦不恶。不料辗转结果，我父乃为我眉营此香巢；无此固无以寓此娇燕，言念不禁芫尔。

下封信又写道：

我到上海，要办几桩事。一是购置我们新屋里的新家具。你说买什么的好？北京朱太太家那套藤的我倒看着对，但卧房似乎不适宜。床我想买 twin（成对）的，别致些。你说哪样好？赶快写回信，也许还来得及。我还得管书屋的布置：这两件事完结，再办我们的订婚礼品。我想就照我们的原议，买一只宝石戒，另配衣料。

　　字里行间，满满都是对新生活的筹划和憧憬。

　　徐志摩对他的新居寄予无限热望，去函胡适、刘海粟，邀他们"径行来硖石，新庐尽可下榻。饭米稍粗，然后圃有蔬，汲井有水，听雨看山，便过一日。尘世喧烦，无有相通"。门厅上的"清远楼"匾额，是他央求刘海粟，烦请康有为所题。

　　小楼分为东西两侧，西侧又分南房、北房。北房是徐父徐母的卧室，南房是张幼仪的绣房——必须称绣房，因张幼仪被前公婆收为义女。东侧归徐、陆新婚居住，家具陈设均为欧式风格。东厢房也一分为二，前屋为书房，后屋作卧室。后楼西侧的楼顶是露台，被徐志摩喻为"望月台"。诗人当年凭栏望月，写下了诗篇《望月》：

　　　月：我隔着窗纱，在黑暗中，

　　　望她从岩的山肩挣起，

　　　一轮星伀的不整的光华：

　　　像一个处女，怀抱着贞洁，

　　　惊惶的，挣出强暴的爪牙；

　　　这使我想起你，我爱，当初

　　　也曾在噩运和利齿间捱！

但如今，正如蓝天里明月，
你已升起在幸福的前峰，
洒光辉照亮地面的坎坷！

梁启超的另类证婚词

佳期如梦，好事多磨，有情人终成眷属。从小曼离婚，整整八个月过去了，经过大大小小的波折，他们终于可以名正言顺地在一起了。

1926年8月14日，农历七月初七，牛郎与织女鹊桥相会日，陆小曼和徐志摩在北海公园订婚。

10月3日，农历八月二十七日，也是在北海公园，陆小曼和徐志摩举行结婚典礼。

这一日，初秋的北海像一幅宁静的油画，郁郁葱葱的树荫下，高朋满座，名流云集。前来赴约的嘉宾，无一不是那一个时代里的大腕翘楚。这是一场声势浩大的婚礼盛宴，更仿佛是一场上流社会群星闪耀的盛会。

遗憾的是，徐申如夫妇没有来，只是发来了一封简短的电文：

> 余因尔母病不能来，幼仪事大旨已定，你婚事如何
> 办理，尔自主之，要款可汇。

虽措辞委婉，情有可原，但是儿子成婚，得不到父母在场的祝福，多少让人有些遗憾。

归去来图　拈陶渊明《归去来兮辞》寓意

松下论道

溪山朱阁

比翼双栖　　　　　　　鸟踏桂枝

对于父母的缺席，徐志摩当然明白他们的心思，可是，为了伟大神圣的爱情，他也就顾不了那么多了。前来参加婚礼的 200 多位亲朋好友安慰了他的心，这些好朋友一路相伴，大都是支持徐志摩的。

婚礼的伴郎是金岳霖，介绍人胡适有事去了国外。婚礼上最大的亮点，应该是梁启超的另类"证婚词"。

梁启超本来就十分反对这门婚事，一则他反对徐志摩休妻，二则他对陆小曼个人偏见极深。王赓和徐志摩都是他的学生，事实上，梁启超在这件事上是十分为难的。如果今日他作为证婚人来参加这场婚礼，也就等于默认了徐志摩和陆小曼的不轨行为，碍于胡适和张彭春苦苦求情，他才不得不来。梁启超虽然答应为徐志摩和陆小曼的婚礼证婚，但是事先说明婚礼上讲什么由不得外人。

既然来了，他就要摆明自己的立场和态度，于是，他离座登台，声色俱厉地发表了一篇著名的证婚训词：

我来是讲几句不中听的话，好让社会上知道这样的恶例不足取法，更不值得鼓励。

徐志摩，你这个人性情浮躁，以至于学无所成，做学问不成，做人更是失败！你离婚再娶就是用情不专的证明！以后要痛改前非，重新做人！

陆小曼，你和徐志摩都是过来人，我希望你能恪守妇道，检讨自己的个性和行为，离婚再婚都是你们性格的过失造成的，希望你们不要一错再错自误误人，不要以自私自利作为行事的准则，不要以荒唐和享乐作为人生追求的目的，不要再把婚姻当儿戏，以为高兴可以结

婚，不高兴可以离婚，让父母汗颜，让朋友不齿，让社
会看笑话！

这是来证婚还是来砸场子的？梁启超语惊四座，新婚的
一对主角更是尴尬无比。徐志摩实在忍不住了，他赶紧上前，
向老师服罪讨饶："请老师不要再讲下去了，顾全弟子一点儿
面子吧！"

看到徐志摩恳切可怜的样子，梁启超这才收住脱口而出
的话语，赦免了这对十分难堪的新人。他最后总结道：

"总之，我希望这是你们两个人这一辈子最后一次结婚！
这就是我对你们的祝贺！我说完了！"

有关梁启超在这次婚礼上的证婚词，坊间还流传有另一
个版本：

志摩、小曼，你们两个都是过来人，我在这里提
一个希望，希望你们万勿再做一次过来人。婚姻是人生
的大事，万万不可视作儿戏。现时青年，口口声声标榜
爱情，试问，爱情又是何物？这在未婚男女之间犹有可
说，而有室之人，有夫之妇，侈谈爱情，便是逾矩了。
试问你们为了自身的所谓幸福，弃了前夫前妻，何曾为
他们的幸福着想？

古圣有言：己所不欲，勿施于人。此话当不属封建
思想吧，建筑在他人痛苦之上的幸福，有什么荣耀，有
什么光彩？

徐志摩，你这个人性情浮躁，所以在学问方面没
有成就；你这个人用情不专，以至于离婚再娶。小曼！
你要认真做人，你要尽妇道之职。你今后不可以妨害徐

志摩的事业……你们两人都是过来人，离过婚又重新结婚，都是用情不专。以后要痛自悔悟，重新做人！愿你们这是最后一次结婚！

无论哪一个版本，梁启超这一段慷慨激昂的话语，都堪称有史以来"最坦诚""最直率""最另类"的证婚词。这一份不同凡响的训诫，不仅在中国文坛上留下了一则佳话，也为今人的婚恋生活敲响了一记警钟。

这个思想前卫的学者，一辈子耿直不阿，严谨治学，对待志摩像对待自己的儿子一样。斥责中透着理解，警醒里满是期待，这番训词是他的良苦用心。事后，梁启超说："我平生演讲无数次，唯有这一次最为特别。"而徐志摩则说："我听了先生多少次课、谈话，唯独这次铭心刻骨。"不过徐志摩到底待师恭谨，次日还带陆小曼去梁家致谢。而梁公把全部过错都推给陆小曼，也有失公平。

参加完这场婚礼后，梁启超第二天写了一封信给远在美国学习的儿子和林徽因，再一次表明他的立场：

我昨天做了一件极不愿意做之事，去替徐志摩证婚。他的新妇是王受庆夫人，与志摩恋爱上，才和受庆离婚，实在是不道德至极。我屡次告诫志摩而无效。胡适之、张彭春苦苦为他说情，到底以姑息志摩之故，卒徇其请。我在礼堂演说一篇训词，大大教训一番，新人及满堂宾客无一不失色，此恐是中外古今所未闻之婚礼矣。今把训词稿子寄给你们一看。青年为感情冲动，不能节制，任意决破礼防的罗网，其实乃是自投苦恼的罗网，真是可痛，真是可怜！

徐志摩这个人其实很聪明，我爱他，不过这次看着他陷于灭顶，还想救他出来，我也有一番苦心，老朋友们对于他这番举动无不深恶痛绝，我想他若从此见摈于社会，固然自作自受，无可怨恨，但觉得这个人太可惜了，或者竟弄到自杀，我又看着他找得这样一个人做伴侣，怕他将来痛苦更无限，所以对于那个人当头一棍，盼望他能有觉悟（但恐很难），免得将来把志摩弄死，但恐不过是我极痴的婆心便了。

信中所谓的"那个人"，当然是指他看不惯的陆小曼。短暂的幸福快乐之后，陆小曼和徐志摩后来的种种矛盾，有些确实是给梁老夫子说着了。接下来的事实证明，这一切是一种磨难的结束，却也是另一种磨难的开始，梁启超的那些训词还历历在目，它像一个可怕的阴影萦绕不散，更像是一个预言在等待应验。

千古悠悠，才子佳人们的痴心绝恋，几乎没有哪一桩不是众说纷纭。无论如何，陆小曼和徐志摩的爱终于落定尘埃，并蒂开花。人生苦短，但愿一切不要一语成谶。

关于这一场著名的婚礼，我们或许还应该知道的是：

其一，徐志摩邀了张幼仪的八弟观礼的同时，又邀了前妻张幼仪。

这又算怎么一回事？

一番思量犹豫之后，张幼仪究竟还是去了。高朋满座，场面宏大的婚礼之上，不知身临其境的她是何心境。

其二，他们还给王赓送了喜帖，而王赓则送上了一份厚重的贺礼，并附言曰：苦尽甘来方知味。

硖石寻梦

生命诚可贵，爱情价更高。无论如何，几多苦苦追求，惺惺相惜的两人终于走到了一起。依照徐申如的安排，新婚后的陆小曼随徐志摩离京南下海宁硖石老家。

一路之上，秋高气爽，徐志摩和陆小曼心情分外舒畅，快乐自不待言。徐志摩在日记里写道：

> 昨天离北京，感想比往常的迥然不同。身边从此有了一个人——究竟是一件大事情，一个大分别。向车外望望，一群面带笑容往上仰的可爱的朋友们的脸庞，回身看看，挨着你坐着的是你这一辈子的成绩、归宿。这该你得意，也该你流出眼泪，——前途是自由吧？为什么不？

陆小曼紧紧地依偎在徐志摩的身上，看着窗外的秀美景色，心中充满了柔情蜜意。她也在《爱眉小札·序》中写道：

> 以后的日子中我们的快乐就别提了，我们从此走入了天国，踏进了乐园……一同回到家乡，度了几个月神仙般的生活。

青山绿水，瓦舍错落，稻花飘香，硖石，一个美丽安静的地方。这里，承载了徐志摩太多的童年记忆和人生梦想。当年，徐志摩正是从这里出发，走向了万花筒般的世界，如今，挽着灵魂的伴侣，他又回到了这个地方。

归去来兮，故地重游，徐志摩当然有着太多的喜悦和感慨。小曼第一次来到这里，感到一切如此新鲜，既兴奋又不安。这里的民间礼仪，她一样一样尝试过去，整个小镇欢腾热闹极了，所有人都出来围观这大城市来的新娘。六人抬的大红轿，一身锦绸绫罗，凤钗花冠，小曼就这样风光地嫁入徐家，来到了海宁硖石。

这样的排场，徐家的长辈是反对的，他们认为二婚没必要这样铺张，应该低调。但小曼不这样想，无论如何，他们的婚礼一定要有声有色，她希望之前的那些诽谤和委屈因这锣鼓喧天化为乌有，她要让人们看看他们的真情终于花开满天。徐志摩终于抱得美人归，当然要顺从她的心意，一切安排得风生水起，排场十足。

徐申如虽然对儿子离婚再娶不是很满意，但志摩愿意回到老家硖石，和两位老人一同居住，还是让他和夫人感到高兴。现在既然都已经成亲，徐申如也就不再计较那么多，他还专门为这对新婚夫妇建造了一栋别墅作为新房，取名为"清远楼"，徐申如对儿子的一番情意尽在不言中了。

无论如何，经过重重磨难，有情人终成眷属，他们终于可以安静地享受二人世界了。新婚燕尔，徐志摩还忍不住给张慰慈写信，字里行间满是得意和爱恋：

> 上海一住就住了一月有余，直到前一星期，咱们俩才正式回家，热闹得很啊。陆小曼简直是重做新娘，比

在北京做的花样多得多，单说磕头就不下百次，新房里那闹更不用提。乡下人看新娘子那还了得，呆呆的几十双眼，十个八个钟头都会看过去，看得陆小曼那窘相，你们见了一定好笑死。闹是闹，闹过了可是静，真静，这两天屋子里连掉一根针的声音都听出来了。我父在上海，家里就只有妈，每天九点前后起身，整天就管吃，晚上八点就往床上钻，曼直嚷冷，做老爷的有什么法子，除了乖乖地偎着她，直偎到她身上一团火，老爷身上倒结了冰，你说这是乐呀，还是苦？

在硖石这个小镇上，不沾染世俗的喧嚣，不触碰世人的蜚语，宛若天上人间，如此惬意和满足。志得意满的志摩还告诉小曼，自己有长隐于此的愿望。有爱不觉天涯远，只要两人长相厮守，无论在哪里，小曼都是欢喜的。听着志摩对于未来的设想，小曼眼中和心中满是憧憬和期待。

他是一个诗人，向往爱情和自由，也向往宁静和超然。如今，和自己心爱的人可以厮守在一起，他只希望上天还可以赐给他一段远离尘嚣的后半生。他相信人是变化的，只要有爱，有时间，他可以将小曼改变成他期许中的模样。只要努力，总有一天她不仅拥有漂亮的容颜、万种的风情，还会有更多发展的空间，比如她的小说、剧本、绘画，他希望她能在这上面发挥人生的价值，而慢慢改掉她喜欢玩乐、应酬不断的坏习惯，引她做一名与自己在事业上齐飞的女人。

不久，徐志摩收到了林徽因从美国宾夕法尼亚州寄来的航空信。信的大致意思是因未能参加徐志摩与陆小曼的婚礼，寄上一份迟到的祝福，她在信中说："祝你和小曼恩恩爱爱，白首偕老。"随后，她又代梁思成为他父亲在徐陆婚礼上坦率的言辞表示歉意。最后，她还说已托一位朋友带了一只手提包回来，送给小曼。

初见儿媳妇的二老其实对陆小曼的印象不错，她落落大方，容貌娟秀，穿着朴素，举止端庄，身上透着大家闺秀的优雅气质。

只是，她结过一次婚这件事，始终是二老心中的结。

从小曼坐着六人大红轿风光地来到徐家的第一天，志摩母亲就一直嘀嘀咕咕地讲道："一个女人一生只能坐一次的大红轿哟！"在将近一个月的相处中，老太太还发现了小曼的很多"恶行"，比如，饭量极小，每次只能吃半碗饭，剩下的就拨给志摩吃；小曼偶尔会撒撒娇，那些话让志摩的母亲看得十分不舒服，却又心疼儿子："那饭还是凉的，志摩吃了说不定会生病。"

还有一次，小曼和志摩正要上楼，小曼却撒娇道："志摩，抱我上楼。"老太太在日后和张幼仪抱怨中，提及此事还是十分气愤："你有没有听过这样懒的事情？这是个成年女子耶，她竟然要我儿子抱她，她的脚连缠都没缠过！"

其实那不过是爱人之间再平常不过的事情了，所有这些陆小曼一无所觉。她一向爱撒娇，吃不得苦，受不得气，以自我为中心。这些放在原来的那个环境里没有什么人觉得不妥，放在这里就显得格外刺眼，令人挠心。

徐家家规，黎明即起，洒扫庭院，陆小曼则早晨不起，晚来不睡，横草不拿，竖针不拈。徐家家规，昏定晨省，这也是老辈子人代代传下来的规矩，公婆床前要清晨起早去问安，可是公婆都起床半天了，陆小曼还高卧不起。至于要她端一碗饭敬与公婆，她没有这个经验，亦没有这个习惯。徐志摩向来不喜陈规陋习，也不会教她这些。

更要命的是陆小曼的花费。香水、手绢、衣服、鞋子、化妆品……都是名牌。徐家世代经商，虽然巨富，却最晓得钱来之不易，虽不至于寒俭吝啬，"适度"二字还是要的。如今徐父眼看着这对小夫妻的钱只出不进，怎么不急？于是，徐父想让陆小曼管钱庄，那意思是想让她知道"不当家不知柴米贵"的道理，但陆小曼说："我哪里会？"

是的，她哪里会！从小到大，她就只会有一花两，从来不问钱来自何处。

这么一来，陆小曼就罪无可恕了。不会持家，不会理财，不知勤俭，只会花钱，又懒又馋，老爷子和老太太怒了。

陆小曼哪一点比得上张幼仪？这个死儿子！

可是，陆小曼的确也很委屈。

这里需要的不是她这样一个人，需要的是一个低眉顺眼的媳妇。她或许做梦也想不到，反抗了父母包办的婚姻之后，又跌入了另一种传统的婚姻模式。

不久，徐申如终于因看不惯陆小曼的做派，他先期到了上海，不几天就要妻子到上海与他会合，然后启程赴北京去找徐志摩的前妻张幼仪了——彼时他们已认张幼仪为义女。贤良孝顺的张幼仪，自然不会拒绝二老要和自己同住的请求。

公公、婆婆的离开，对新婚的陆小曼是个沉重打击，不久，她得了肺病。徐志摩在 11 月初给刘海粟的信中说："曼日来不爽健，早晚常病，以此生愁。天时又寒，令人不欢。"

一段时间后，陆小曼的身体才慢慢恢复，也慢慢从那段不愉快的情绪中解脱出来。

没有了二老的严格监督，陆小曼在生活上感觉反倒轻松，她不用再受这样那样的拘束。她和徐志摩在硖石这座别具一格的住宅中种草弄花，过着一种"草香人远，一流清涧"的超然生活。

可惜，好景不长。

二老走后不久，徐志摩和陆小曼并没有享受几天二人世界。12月间，北伐军逼近，孙传芳不断加紧备战，硖石一带正是战线的中心，局势混乱，他们不得不中断了这一段新婚燕尔如世外桃源的生活。

在诗人一生动荡的生活中，也许只有这里见证了他曾经红袖添香、月下伴美的幸福。诗人曾天真地想象着："从此我想隐居起来，硖石至少有蟹和红叶，足以助诗兴，更不慕人间矣！"可惜这样简单的愿望也只维持了两个月，随着战事的临近，他们被迫移居上海。

徐志摩的父母临行前，并没有给他们留下太多的钱财，他们也许是走时太过匆忙，也许是根本有意为之，他们看不惯陆小曼日常的消费，这样奢侈的挥霍让二老心中非常不满。

他们有意控制他们的开销也是情理之中，徐志摩的积蓄都花费在婚礼上了，如今他们竟然连逃离硖石的路费都没有，他无权从家族公司中支款，只能向舅父沈佐宸借钱，这才走成。

结婚至今不过百天，已经出现这样的窘况，以后的生活如何保障？小曼体弱多病如何供养？那些奢侈的生活习惯岂能说改便改？

　　相爱解决不了人生的所有问题，新婚的幸福味道还未及好好品味，生活的危机和困顿就已经无情地逼到了眼前。

谋爱更要谋生

1927年1月，匆忙和狼狈之中，陆小曼和徐志摩被迫移居上海。

实际上，对于徐、陆这样的才子名媛，本不该留在闭塞落后的乡镇，硖石虽美，也只能作为他们人生里短暂的憩息之地，北京、上海才应该是他们的归宿所在。仓促窘迫之中离开硖石，徐志摩或许还有些留恋惆怅，而陆小曼则是愿意和欢喜的。

对于徐志摩而言，硖石是他曾经的故乡，留下了他太多的人生梦想。对于陆小曼而言，乡野陋巷绝非久留之地，十里洋场的上海才是最适合她的地方。这个城市见证了太多悲欢离合，也成就了太多的传奇佳话。一到这座华丽喧嚣的不夜城，小曼就活力四射，风采依然。

有钱走遍天下，无钱寸步难行，刚到上海的他们，其生活的拮据可想而知。他们先后住过客栈和小旅馆，可是，这种地方也只适合给普通人住，陆小曼哪里住得惯，徐志摩只得另找地方安顿娇妻。

在写给恩厚之和胡适的信中，徐志摩都流露出了对这次移居上海的无奈：

> 我们婚后头两个月在一个村镇中度过，既宁静又快乐；可是我们现在却混在上海的难民中间了，这都是拜这场像野火乱烧的内战之赐。敝省浙江一直是战乱不侵的，使其他地方的人羡慕不已，但看来这一次也不能幸免了。

> 在硖石的一个月，不错，总算享到了清闲家静的幸福。但不幸这福气又是不久长的，小曼旧病又发作，还得扶病逃难，到上海来过最不健康的栈房生活，转眼已是二十天，曼还是不见好。

他们找了很多地方，看了很多房子，不是太小，就是太破，小曼都没有十分满意，在她的一再要求下，他们最后终于在法租界里看中了一处住宅。

这是一所布置豪华的三层洋楼，典型的上海老式石库门房子，宽敞舒适，极有派头。一楼是端正朴素的佛堂。二楼是起居室与客厅：亭子间是陆妈妈住；夫妻二人住厢房的前一间，卧室摆放有红木家私；又有小曼的吸烟室，帘幕重重，十分安静；客厅气派得很，有沙发、茶几、八仙桌、烟榻。若要跳舞，把家具全部挪到墙边即可，十分宽敞。三楼的亭子间名"眉轩"，起自于小曼的小名"眉"和徐志摩的书房——静室温书、红袖添香，徐志摩的福分于此算是全了。《爱眉小札》《眉轩琐记》《小曼日记》等诸多文学史上的知名篇章就是从这里诞生的。吸烟打牌、唱戏跳舞，陆小曼的福分于此也算是全了。

这些排场和北京比起来丝毫不逊色，作为高档住宅，比起那些弄堂房子和公寓房来，它们是有身份有地位有钱人阶层的象征。

不久，陆父陆母也搬来与女儿女婿同住，他们只此一个独女，此后她就是他们的依靠，这也是像模像样、热热闹闹的一家人了。民国乱世里，陆定已经很不得志，心情沉闷之中，却还是关心着小曼。陆定去世后，吴曼华一直跟着陆小曼，直到老去。

然而这样的豪华住所一个月的房租就要将近一百块大洋，在徐志摩和陆小曼共同生活的 20 世纪 20 年代，北京的生活"四口之家，每月十二元伙食费，足可维护小康水平"。若没有固定的一笔家产或者可观的收入，断然是不敢住在如此奢华的别墅里的。而且，房子上的大笔开销仅仅预示着一个开始，高额的房租之外，一家人的日常开支供养呢？别人好说，小曼却从来就不是一盏省油的灯。

徐志摩在父亲那里没有得到任何生活费，他们二人所有的开销都是他一个人赚下的，选择这样一所住处，绝对不会是他的主意。但小曼几个月下来一直没有住得舒服，唯独对这座公寓情有独钟，看她那哀怜的眼神、娇弱的身体，志摩的心胸好似柔波一样柔软下来，点点头，便答应了。避难一般来到上海，却又在此堂而皇之地做起了寓公，生于富贵、长于富贵的两人，将如何面对当下的生活？

无论如何，没有钱是万万不能的，志摩也一直找寻一些事儿来做，但一时又没有理想的事业。他们的一些朋友也很关心他们的未来，胡适此时虽远在欧洲，但仍然为志摩的前途忧心忡忡。鉴于志摩夫妇的窘境，他从中周旋，给恩厚之写了一封信：

> 我对志摩夫妇的前途有点忧虑……他们心中居住的地方是一个十分落后的小镇，没有任何现代化气息。志摩的新太太十分聪慧，但没有受过系统化教育。她能说英文、法文，能绘画，也能唱歌。但要是他们两口子在那小地方住得太久，就会受害不浅了。他们多方面的才华会浪费逝于无形。这里头脑里装满了传统习惯的人，并不欣赏个人才能的发展；他们把后一辈的年轻人只看做搓麻将的良伴……要是我们能找出个办法把志摩夫妇送到英国或者欧陆其他地方，让他们有两三年时间念点书，那就好极了……

恩厚之是泰戈尔先生的秘书，也是胡适与志摩的好朋友，他很快便同意为志摩夫妇汇二百五十英镑作为旅费。

这在当时已经算是一笔巨款，足够两人在欧洲的开销，可是计划总是没有变化快，当这笔来之不易的钱汇到志摩的手中后，因为小曼体弱多病和许多其他的原因，留学的事情被搁置了。

其实，就在前一年——陆小曼与王赓离婚后不久，陆小曼曾有过一次去美国的机会。

当时，美国好莱坞电影公司风闻名满京城的陆小曼大名，给她汇了一笔巨款，大约五千美元左右，邀请她去美国拍电影。但是她认为一个中国女子去当外国的电影明星，是不光彩的事。这种观点在今天看来似乎有些迂腐，但在20世纪20年代的中国，陆小曼的这种观点却表达了她的爱国之情。同时，父母只有她一个亲人，她和徐志摩又正处于柳暗花明之时，因此更不愿意去美国，便将那笔巨款寄了回去。

这样一来，志摩只能踏踏实实地在上海谋一份差事，解决两人生存的基本问题。以徐志摩的名气和才华，很快，他在光华学院找到了一份兼职，他们的生活因此有了些起色。

然而，这才是他辛苦劳碌、疲于奔命的开始。当爱情遭遇生活，许多心仪的美好和曾经的浪漫，便如天边的云朵一散而尽。接下来的日子里，小曼和志摩之间发生了很多的摩擦，他们的不合日益显现。

由于陆小曼的挥霍消费，徐志摩的日子过得极其辛苦，每天三所大学来回讲课。为了赚钱养家，半年下来，徐志摩没出一本诗集。陆小曼在上海交际极广，经常有朋友邀她出去打牌、跳舞、看戏，很多的时候，爱玩的陆小曼一天到晚都不在家。面对这样的生活，徐志摩有苦难言，只能写信同朋友诉苦：

> 光华、东吴（大学）每日有课，一在极西，一在极东，设如奔波，隆冬奈何？
>
> 然而上海生活，休矣休矣。几月来真如度死，一无生气，一无著述。
>
> 小曼累病不健，今稍活络，则又允天马会为筹款演剧《贩马记》《狮吼记》。弦管节拍，又复喧嚣。

陆小曼看似奢靡无羁的生活，其实就应该是她平淡无奇的日常，因为她本就是一朵富贵花，多年来的娇宠任性，更让她深陷其中，乐不思蜀。可要命的是，这种光鲜亮丽的人生一旦短少供给，现实生活里各种冲突和矛盾也就来了。

无论他们愿意不愿意，这是必然会出现的结果，因为他们一直以来赖以生存的经济基础崩溃了，附丽于其上的诗意美妙人生也就摇摇欲坠了。而为了重建原来幸福生活秩序的平衡，以期再度找回渐行渐远的理想人生，抱得美人归的徐志摩几乎成了一台挣钱的机器，颠沛流离，四处出击，以求博得美人一笑，拯救那一份来之不易的爱情。

可惜的是，徐志摩的所有努力，也不过是杯水车薪，抵不住陆小曼无遮无拦的透支。焦头烂额、身心俱疲的徐志摩既迷茫，又无助，正如这一时期他在一首诗中所写：

> 我不知道风
>
> 是在哪一个方向吹——
>
> 我是在梦中，
>
> 在梦的轻波里依洄。
>
>
> 我不知道风
>
> 是在哪一个方向吹——
>
> 我是在梦中，
>
> 她的温存，我的迷醉。
>
>
> 我不知道风
>
> 是在哪一个方向吹——
>
> 我是在梦中，
>
> 甜美是梦里的光辉。
>
>
> 我不知道风
>
> 是在哪一个方向吹——

我是在梦中，

她的负心，我的伤悲。

我不知道风

是在哪一个方向吹——

我是在梦中，

在梦的悲哀里心碎！

我不知道风

是在哪一个方向吹——

我是在梦中，

黯淡是梦里的光辉。

　　青年时期的徐志摩一直在追求理想与美的状态，但他的爱情永远处于一种可望而不可即的圣洁高贵之中，一旦接触到实际，幻想归于破灭，又重新追求心目中的"爱、自由与美"。先是对于林徽因的爱恋被无情斩断，相隔四年后，与陆小曼的夫妻关系又再生隔阂与矛盾。理想感情世界的一再挫败，加上事业上经历的种种挫折，徐志摩陷入了深深的痛苦与迷茫之中。这首名为《我不知道风是在哪一个方向吹》的诗，正是徐志摩当年心境的真实写照。

　　是的，现实如此残忍无情，理想如此缥缈虚无，这就是他心心念念追求的神圣爱情吗？那些曾经心心相印的美好呢？那些令人心醉的灵魂之约呢？

灵魂好像不见了

有些幸福真的宛如昙花一现。

历经重重困难，两个真心相爱的人终于步入婚姻的殿堂，可是，随着那场著名的婚礼的结束，真实生活的帷幔才刚刚拉开。

徐志摩在爱情中如此坚持，又如此一厢情愿，他认定了陆小曼就是他此生的唯一伴侣。她身上很多的缺点，他并非视而不见，可是他真的如此爱她，爱怜之下，他只能对她如此地包容或者骄纵。

是的，他愿意，他宁愿任凭自己的想象去完美她。他相信爱情能够改变一切，他要把她慢慢雕琢成他心中的样子。

然而，陆小曼既不是他理想人生的贤内助，也不是可以任人改造的小姑娘。由小及大，衣来伸手，饭来张口，想玩就玩，想花就花，喜欢才好，这就是现实版的陆小曼。

习惯成自然，小曼当然还深爱着志摩，但她有自己的生活，没有谁可以轻易改变。

于是，在上海，在这一座忧伤而繁华的城里，这两个生于富贵之家的时代骄子，这一对相知相惜的爱侣，开始了一场实实在在的有关理想和现实的博弈。

看戏是陆小曼生活中不可缺少的一部分，她常年在高级的戏院里包着雅座，还经常大方地呼朋唤友。徐志摩也喜欢戏，但没有达到如此痴迷的程度，对于小曼这样毫无节制的浪费，他感到头疼。

陆小曼不只是看戏，她还是资深票友，在北平的时候，就经常登台献唱，还经常参加义演，这种赈灾义演是上流社会的阔太太善于交际的手段，既体面又有面子，每次义演都少不了名角，而陆小曼就是那个压轴的大腕。

徐志摩早就已经厌倦了舞台上咿咿呀呀，但陆小曼喜欢，看到她兴致那么高，他每次也只能鼎力支持，他在后来的日记中曾写道：

> 我情愿，在冬至节独自到一个偏僻的教堂里去听几首圣诞歌，但我却穿上了臃肿的袍服上舞台去串演出不自在的"腐"戏。我想在霜浓月淡的冬夜独自写几行从性灵暖处来的诗句，但我却跟着人们到涂蜡的跳舞厅去艳羡仕女们发金光的鞋袜。

可是，陆小曼似乎完全没有感受到徐志摩内心的不情愿，她对戏的热情有增无减。

看戏还要捧角，小曼捧角时经常一掷千金，尤其是那些唱戏的小姑娘，其中不乏有些戏子就是被她捧红的，她甚至认了一些聪明伶俐的女孩做干女儿。在她们的身上，小曼仿佛看到了自己的影子，不知不觉，小曼又梦回与志摩同台的那出《春香闹学》，那些顾盼流离、情意绵绵仍然滋润着她的心。就是那一夜，曲终人散，志摩拉住了她的手，倾诉衷肠；

就是那一夜，良辰美景，他们坠入爱的火焰。

那些并不遥远的过往，小曼回忆起来仍然觉得甜蜜，但也会惹起几丝淡淡的忧伤。那些流年一去不返，现在志摩每天奔波在外，很少再能像从前那样陪她了。

可是，孤独的小曼并不是寂寞的，她身边依然有一些朋友前呼后拥，戏院、赌场、大饭店大可以轮流去，排场大得很。

陆小曼不仅是人见人爱的佳人，她的穿着打扮也一度引起追捧的潮流，那些从外国买回来的奢侈品，也只有小曼才能演绎出其中的高贵气质。她喜欢，徐志摩便设法满足她，一次刘海粟出国，徐志摩便写信给他，希望他能为小曼带一些 Don Marche 的绸丝帕。

陆小曼在上海生活，一点也不比在北京低调，过去有的，现在同样不少：出入有私家车，家里佣人众多，司机、厨师、男仆、丫头……

所有的花销加在一起，每个月平均下来要花上五六百元。

那时的五百多元，可以买六两黄金，相当于现在两万元人民币左右。如此巨额的开销，以前王赓从来不计较，但徐志摩现在不行，他因此叫苦不迭，疲于奔命。但有妻如此，他又能如何？因为他爱她，只能宠着她、顺着她，甘愿领受这份生活的重担。

一份兼职显然不够开销，徐志摩开始东奔西跑，往返于上海、南京、杭州、北京等地，在光华大学、东吴大学、上海法学院、南京中央大学、北京大学处处兼职，他还办了书店、杂志，还给编辑翻译图书，用他最大的精力去挣钱，以养家糊口，以博得小曼的欢心。徐志摩还给喜爱大把花钱的小曼信中写道：

> 爱，在俭朴的生活中是有真生命的，像一朵朝露浸着的小草花；在奢华的生活中，即使有爱，不能纯粹，不能自然，像是热屋子里烘出来的花，一半天就衰萎的忧愁。论精神我主张贵族主义，谈物质我主张平民主义。

> 你猜我替你买了什么衣料？你看了准喜欢，只是小宝贝，你把摩摩的口袋都掏空了，怎么好？

可怜世人叹惋，眼看一代才华横溢的诗人，如今为了铜臭无奈折腰。所谓"大丈夫不为五斗米折腰"，真的是道出了古今文人的凄凉和悲哀。忙于生计的徐志摩岂止是"折腰"，简直就是要累弯了腰，只差"鞠躬尽瘁，死而后已"了。

在徐志摩的眼中，钱已经渐渐爬到了一个非常重要的位置。他无论做什么选择，都会将报酬看作重要参考指标，他纯净的灵魂正在遭遇俗世的啃食，他浪漫的才情正在被这岁月消磨，他那些最动听的诗篇、最单纯的辞藻不知在哪个角落奄奄一息。

小曼似乎仍然沉迷在自己的世界中，或许她根本就不知道赚钱的不容易，因为她自小便衣食无忧被父母含在口中，嫁人后被王赓捧在手里，她对于物质的追求，只是一种习惯，从没有过多地考虑到志摩的艰辛。

小曼似乎也习惯了这种供养，喜欢就买，也不考虑价钱。有一次义演，需要一副堂幔做一副行头，这些东西本来是可以借着用的，可是她的戏票朋友，如江小鹣、翁瑞午、唐瑛都有属于自己的行头，自然是碍于面子，小曼也要有自己的一套，便央求徐志摩给她买。

可是，置这些行头是需要很大一笔钱的，志摩当月的薪水已经领取，没有财源，小曼想到了恩厚之给他们的那笔作为旅费的钱，说可以先挪用一下，过后再补上。志摩当然不同意，这是作为他们日后出国留学的钱，现在用它来买这些毫无用处的行头岂不是辜负朋友的良苦用心？但耐不住小曼的软磨硬泡，志摩还是挪用了这笔钱，满足了小曼的虚荣心。可是自己心里却十分难受，小曼的挥霍无度终于触动了他的底线，许多的苦涩涌上心头。

古往今来，男人都希望妻子贤良温婉、相夫教子。徐志摩也同样希望陆小曼可以辅助自己的事业，更可以有自己的事业。

一路上，他苦苦追寻的爱人，应该是一个自由而鲜活的灵魂，那是一位灵魂的伴侣，纯净而美好。可陆小曼似乎并不是他想象中的模样，他每日只为生计奔波，那些曾经美好的追求已经被压抑在千崖谷底，被遗忘在深深的记忆中，偶尔发出一声长长的叹息，哀婉而悲恸。

陆小曼只是为自己的衣物花销铺张浪费，可对徐志摩的衣物花销却很少过问，这些事都由她母亲料理。可怜的徐志摩虽然一月赚不少钱，可只有一两身衣服，而且都破旧不堪。有一天胡适的妻子看到徐志摩的袖子上有两个洞，领子也磨破了，怜惜之余，便要他脱下来给他缝补。徐志摩的窘境，可想而知。

徐志摩当初的理想，是要把陆小曼改造成他想要的模样。

他要她觅见灵魂，要她展露才情，要她成为新女性。可是陆小曼天分虽高，多年来的娇宠和任性，过多的交际和奢靡的物质追求，却扼杀了那些原本光芒四射的才情的磨炼和发挥。

或许，这正是徐志摩真正担心和苦恼的。

徐志摩给了妻子想要的生活，陆小曼给不了丈夫想要的老婆。陆小曼想通过爱情救赎爱情，徐志摩想通过爱情寻觅灵魂。如今爱情来了，灵魂好像不见了。

一切忽然变得如此的糟糕和不堪，一切让徐志摩始料未及，苦闷的徐志摩在无奈中写下《生活》一诗：

> 阴沉，黑暗，毒蛇似的蜿蜒，
>
> 生活逼成了一条甬道：
>
> 一度陷入，你只可向前，
>
> 手扪索着冷壁的粘潮，
>
> 在妖魔的脏腑内挣扎，
>
> 头顶不见一线的天光
>
> 这魂魄，在恐怖的压迫下，
>
> 除了消灭更有什么愿望？

这首诗作于 1928 年 5 月 29 日，初载 1929 年 5 月 10 日《新月》月刊第 2 卷，后收入诗集《猛虎集》。据梁实秋说，是写实。

再别康桥

在上海的每一个日子，呈现在徐志摩眼前的，是现实与理想差之千里的刺痛。气派豪奢的小洋楼里，空荡荡的大厅没有一点生气，每次在外面奔波归来，徐志摩几乎都会看到吸烟室烟雾缭绕，小曼或是自己，或者跟那个叫翁瑞午的男人一起躺在烟榻上吞云吐雾。

无聊糜烂的气息让他几乎无法呼吸，他已经被生活的枷锁步步紧逼，内心的桃源深处死一般沉寂。他决定出国去寻找新的气息，让污浊的大脑重生，让悲苦的心境欢畅。

1928 年，徐志摩第三次出游欧洲，那本应该是两人一起赴欧的求学之旅，如今却变成他一个人的逃避之行。陆小曼并没有挽留，一如以往的云淡风轻。

这次出游，有人说是他因为家中气闷，陆小曼奢靡；有人说是他借此机会旧地重游，怀念林徽因。无论如何，一路之上，徐志摩心心念念的还是陆小曼。

徐志摩在国外五个月，刚离国土他即对小曼千叮万嘱。第三天到日本，给小曼买手绢，嘱咐好友从日本给小曼带一筐大樱桃，并且每天一封长信报行踪，抒情怀，立志向。自神户途中写给小曼的第一封信说：

> 这夏天我真想你能写一两个短戏试试，有什么结构
> 想到的就写信给我，我可以帮你想想，我对于话戏是有
> 无穷愿望的，你非得大大的帮我忙，乖图！

可是陆小曼到底没有遂了他的心愿，且对于他的说教无比厌烦，这一点在1928年6月18日身在东京的徐志摩写给陆小曼的信中有所表现："我一定每天给你写（信），只怕你现在精神不好，信过长了使你心烦。我知道你不喜欢我说哲理话，但你知道你哥哥爱是深入骨髓的。"离家一周后，他在信上又说："昨天我想你极了，但提笔写可又写不上多少话；今天我也真想你，难过得很，许是你也想我了。"

可事实真是如此吗？未必。陆小曼此时已经结交世家子弟翁瑞午，外出由翁氏陪伴，共同出入高级酒店、舞厅和赌场。灯红酒绿，习以为常。婚前如此，婚后照样。

徐志摩先去美国再到欧洲，只在欧洲期间就给陆小曼写了90多封信，那些信仍然字字如金，浓情蜜意，他劝小曼振作，开始新的生活。然而陆小曼却并没有任何改变，甚至连徐志摩的信都不回，而且这些信后来都被陆小曼弄丢了。

这次出国，徐志摩收获很多，见到了狄更生、傅来义以及罗素全家，还参观了泰戈尔的助手恩厚之的达廷顿庄园，并且还一并去了印度拜访泰戈尔。

1928年10月，徐志摩到达印度，看望泰戈尔。一到印度他就写信给陆小曼说："我想你极了，一离马赛，就觉到归心似箭，恨不能一脚就往回赶。此去印度真是没法子，为还几年的一个心愿，在老头（指泰戈尔）'升天'以前再见他一

次，也算尽我的心。"在泰戈尔的陪伴下，徐志摩参观了泰戈尔建立在大自然怀抱里的国际大学，并且应邀做了有关孔夫子的讲座。

在英国，他再一次来到康桥。往事历历在目，一股暖意油然涌上心头。佳人早已远去，如今只留他一个人伫立在桥头。

前尘已远，物是人非，五个月后，徐志摩归来，归来的途中，他写下了那首脍炙人口的诗篇《再别康桥》：

> 轻轻的我走了，
>
> 正如我轻轻的来；
>
> 我轻轻的招手，
>
> 作别西天的云彩。
>
> 那河畔的金柳，
>
> 是夕阳中的新娘；
>
> 波光里的艳影，
>
> 在我的心头荡漾。
>
> 软泥上的青荇，
>
> 油油的在水底招摇；
>
> 在康河的柔波里，
>
> 我甘心做一条水草！
>
> 那榆荫下的一潭，
>
> 不是清泉，是天上虹；

揉碎在浮藻间，

沉淀着彩虹似的梦。

寻梦？撑一支长篙，

向青草更青处漫溯；

满载一船星辉，

在星辉斑斓里放歌。

但我不能放歌，

悄悄是别离的笙箫；

夏虫也为我沉默，

沉默是今晚的康桥！

悄悄的我走了，

正如我悄悄的来；

我挥一挥衣袖，

不带走一片云彩。

优美缠绵的诗句之中，尽显诗人对往昔生活的憧憬和对眼前生活无可奈何的离愁。或许，故地重游，康河荡漾着的柔波里，应该可以看得到林徽因的影子。

《再别康桥》堪称徐志摩诗作中的绝唱，陆小曼的轻慢与奢靡成就了徐志摩的这次远游，诗若有灵，当谢小曼。

林徽因是那个开启他心扉的天使，时过境迁，徐志摩依然念念难忘。而对于陆小曼，这个重新燃起他爱情之火的爱侣，他只能用耐心去开导，用爱去化解，用一生去守护来之不易的这段婚姻。

或许，每个人都有自己的宿命，抚今思昔，徐志摩满怀离意更兼哀愁。

11月上旬，徐志摩结束了这一次海外之旅，风尘仆仆回到了上海，回到了久别重逢的家中。

一切，都还是他离开时的样子，眼前的景象毫无改变，只是陆小曼更加地憔悴清瘦了。没有再见的惊喜，没有起身相迎，烟榻上的陆小曼只是淡淡地看了他一眼。

待在空荡荡的大厅里，万里归来的徐志摩失望至极，悲伤至极。

泰戈尔在我家

从欧洲回来不久，泰戈尔发来电报说，要亲自到徐志摩的家中做客。这对于徐志摩和陆小曼来说是一件天大的好事，以泰戈尔在当时的名气，世界上很多学术机构和文化团体费尽心思都请不到的，更别说是这种私人交往了。

泰戈尔对待徐志摩，一直以来都好像慈父一般，而徐志摩也一直称呼泰戈尔为"老戈爹"，但受到这样的待遇，徐志摩夫妇仍然吃了一惊，连忙为了大诗人的到来而做各种准备。

之前在欧洲见面的时候，徐志摩就向"老戈爹"述说过自己婚姻中的苦恼，老人家也是百感交集。想到几年前来中国的时候，站在徐志摩身边的还是林徽因，看着这对才子佳人，老人曾经从中撮合，但没有成功。时间一晃，现在已经物是人非。

1929 年 3 月 19 日，泰戈尔在去日本、加拿大讲学之前，路过中国，特来上海看望徐志摩和陆小曼，并住在他们家里。当泰戈尔见到陆小曼的时候，聪明伶俐的小曼赢得了老人的喜爱。

起初，泰戈尔还没到的时候，小曼细心地准备了一间有印度风格的房间，但是泰戈尔来到他们的三层公馆后，更加喜欢徐志摩和陆小曼那中国特色十足的卧室，于是，陆小曼命人将他们的东西搬出来，为老诗人腾出房间。

这段时间，陆小曼尽心尽力地在家里陪伴着泰戈尔，她推掉了一切交际活动，温顺贤惠地扮演好徐志摩夫人的角色，让老诗人深深感受着东方式的温情和中国式的天伦之乐。

陆小曼的付出，徐志摩看在眼里，心里十分感动，他心中那个善解人意的陆小曼又回来了，而她的表现也赢得了泰戈尔的喜爱，在泰戈尔的眼里，陆小曼是一位温婉动人、富有东方气质的女子，她流利的英语更加让泰戈尔印象深刻。

这次泰戈尔老人也没有像上次一样到处演讲，他们每天相伴，在这段云卷云舒的悠闲日子里，这个"三口之家"其乐融融。

老人的到来，为这个家庭填补了许久没有过的温情。老人时常抚着陆小曼的头叫她小孩子，还会给她讲一些有趣的印度趣闻和故事，给她背诵自己的诗歌。在一次由印度人组织的酒会上，泰戈尔向人介绍陆小曼的时候说，她是他的儿媳妇。可见泰戈尔对陆小曼的认可和喜爱。

他们漫步于西湖，吟诗、论诗、写诗，通宵未眠，泰戈尔像个孩子般对徐志摩说："真想在湖边买个小屋住上几天。"还有一次，这位著名的老人竟然意兴勃勃，欣然动笔为徐志摩夫妇留下了一幅远看像山、近看像老者的自画像。他还在画旁题了一首小诗云：

山峰盼望他能变成一只小鸟，

放下他那沉默的重担。

其实，老人这是在暗示陆小曼，徐志摩现在有着很大的负担和压力，聪明的陆小曼应该一目了然其中的玄机，也感受到老人对他们的关爱和良苦用心。老诗人送给了陆小曼三件礼物：一只用头发与金丝线绞成的手镯，一块印度风格的丝质头巾和一张精美的床单大小的包书纸。

待到告别之时，老人无限伤感地说："我把心落在中国了。"回国的时候，泰戈尔脱下自己的长袍披在了徐志摩的身上，然后才依依不舍地上了船，这深厚的感情不言而喻。

谁也不曾预料的是，这一次分别竟也成了永别，此后不久，徐志摩便坠机遇难。

徐志摩逝世近十年，正好赶上泰戈尔八十岁的生日。陆小曼写下了《泰戈尔在我家》这篇文章为老人祝寿。这一篇感人至深的文章，也是陆小曼代徐志摩写的，这是他对"老戈爹"的祝福：

　　谁都想不到今年泰戈尔先生的八十大寿倒由我来提笔庆祝。人事的变迁太幻妙得怕人了。

　　若是今天有了志摩；一定是他第一个高兴。只要看十年前老头儿七十岁的那一年，他在几个月前就坐立不安思念着怎样去庆祝，怎样才能使老头儿满意，所以他一定要亲自到印度去，而同时环境又使他不能离开上海，直急得搔头抓耳连笔都懒得动；一直到去的问题解决了，才慢慢的安静下来，后来费了几个月的工夫，才从欧洲一直转到印度，见到老头儿的本人，才算了足心愿。归后他还说，这次总算称了我的心；等他八十岁的时候，请老人家到上海来才好玩呢！谁知一个青年人倒

桐荫仕女

挑帘仕女

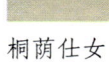

红楼故事四联

小曼画作

佳儿喜母

梅轩仙影　　　　　游园

先走在老人的前头去了。

本来我同泰戈尔是很生疏的，他第一次来中国的时候，我还未曾遇见志摩；虽然后来志摩同我认识之后，第一次出国的时候，就司我说此去见着泰戈尔一定要介绍给你，还叫我送一张照片给他；可是我脑子里一点感想也没有。

一直到去了见着老人之后，寄来一张字条，是老人的亲笔；当然除了夸赞几句别无他话，而在志摩信里所说的话，却使我对这位老人发生了奇怪的感想。他说老人家见了我们的相片之后，就将我的为人、脾气、性情都说了一个清清楚楚，好像已见着我的人一样；志摩对于这一点尤其使他钦佩得五体投地；恨不能立刻叫我去见他老人家。

同时他还叫志摩告诉我，一二年后，他一定要亲自来我家，希望能够看见我，叫我早一点预备。自从那时起，我心里才觉得老人家真是一个奇人，文学家而同时又会看相！也许印度人都能一点幻术的吧。

我同志摩结婚后不久，他老人家忽然来了一个电报，说一个月后就要来上海，并且预备在我家下榻。好！这一下可忙坏了我们了，两个人不知道怎么办才对。房子又小，穷书生的家里当然没有富丽堂皇的家具，东看看也不合意，西看看也不称心，简单的楼上楼下也寻不出一间可以给他住的屋子。回绝他，又怕伤了他的美意；接受他，又没有地方安排。

一个礼拜过去还是一样都没有预备，只是两个人相对发愁。正在这个时候，电报又来了，第二天的下午船就到上海。这一下可真抓了瞎了，一共三间半屋子，又怕他带的人多，不够住，一时搬家也来不及，结果只好硬着头皮去接了再说。

一到码头，船已经到了。我们只见码头上站满了人，五颜六色的人头，在阳光下耀得我眼睛都觉得发花！我奇怪得直叫起来：怎么今天这儿尽是印度阿三呀！他们来开会么？志摩说："你真糊涂，这不是来接老人家的么？"

我这才明白过来，心里不由得暗中发笑，志摩怎么喜欢同印度人交朋友。我心里一向钦佩之心，到这时候竟有一点儿不舒服起来，因为我平时最怕看见的是马路上的红头阿三，今天偏要叫我看见这许多的奇形怪状的人，绿沉沉的眼珠子，一个个对着我们两个人直看，看得我躲在志摩的身边连动也不敢动。

那时除了害怕，别的一切都忘怀了，连来做什么的都有点糊涂。一直到挤进了人丛，来到船板上，我才喘过一口气来，好像大梦初醒似的，经过船主的招呼，才知道老人家的房间。

志摩是高兴得连跑带跳地一直往前走，简直连身后的我都忘了似的，一直往一间小屋子就钻，我也只好悄悄地跟在后边；一直走进一间小房间，我才看见他正在同一个满头白发老人握手亲近，我才知道那一定就是他一生最崇拜的老诗人。

留心上下地细看，同时心里感着一阵奇特的意味，第一感觉的，就是怎么这个印度人生得一点也不可怕？满脸一点也不带有普通印度人所有的凶恶的目光，脸色也不觉得奇黑，说话的音调更带有一种不可言喻的美，低低的好似出谷的黄莺。在那儿婉转娇啼，笑眯眯地对着我直看。

我那时站在那儿好象失掉了知觉，连志摩在旁边给我介绍的话都不听见，也不上前，也不退后，只是直着眼对他看；连志摩在家中教好我的话都忘记说，还是老头儿看出我反常的情形，慢慢地握着我的手细声低气地向我说话。

在船里我们就谈了半天，老头儿对我格外亲近，他一点也没有骄人的气态，我告诉他我家里实在小得不能见人，他反说他愈小愈喜欢，不然他们同胞有的是高厅大厦请他去住，他反要到我家里去吗？

这一下倒使我不能再存丝毫客气的心，只能遵命陪他回到我们的破家。他一看很满意，我们特别为他预备的一间小印度房间他反不要，倒要我们让他睡我们俩人睡的破床。他看上了我们那顶有红帐子的床，他说他爱它的异乡风味。他们的起居也同我们一样，并没欧美人特别好洁的栏子，什么都很随便。只是早晨起得特别早，五时一定起身了，害得我也不得安睡。

他一住一个星期，倒叫我见识不少，每次印度同胞请吃饭，他一定要带我们同去，从未吃过的印度饭，也算吃过几次了，印度的阔人家里也去过了，真有许多不同的地方。同时还要在老头儿休息的时候，陪他带来的书记去玩；那时情况真是说不出的愉快，志摩是更乐得忘其所以，一天到夜跟着老头子转。虽然住的时间不长，可是我们三人的感情因此而更加亲热了。

这个时候志摩才答应他，到八十岁的那年一定亲去祝寿。谁知道志摩就在去的第二年遭难。老头子这时候听到这种霹雳似的噩信，一定不知怎样痛惜的吧。本来也难怪志摩对他老人家特别的敬爱，他对志摩的亲挚也是异乎平常，不用说别的，一年到头的信是不断的。只可惜那许多难以得着的信，都叫我在摩故后全部遗失了，现在想起来也还痛惜！

因为自得噩耗后，我是一直在迷雾中过日子，一切身外之物连问都不问，不然今天我倒可以拿出不少的纪念品来，现在所存的，就是附印在这里泰戈尔为我们两人所作的一首小诗和那幅名贵的自画像而已。

泰戈尔就像一阵清风，抚慰过他们的婚姻，温暖过他们的爱情，寄托过他的挂念。而通过这位德高望重的老人的到访，我们也看到了陆小曼贤良淑德的另一面。

令人遗憾的是，这位可亲可敬的老诗人走后，陆小曼依旧如故，徐志摩再度落入之前的困顿和困惑之中。

第五章

为伊消得人憔悴

落荒而逃

这就是自己苦苦追求的灵魂的伴侣吗？这就是自己心心念念期盼中的爱情生活吗？理想和现实的差距如此之大，徐志摩心中的沮丧可想而知。

或许，这样的结果，诗意浪漫的徐志摩无论如何也想不到。曾经的相惜相知，转眼化作了满地鸡毛。胡适等人不忍良才埋没在"销金窟"，怕再这样下去，徐志摩会毁了自己，便苦苦相劝他来北平（1928年北京改名为北平）做事。身心俱疲的徐志摩决定逃离上海，开始一段全新的生活。

碧云天，黄叶地，西风起。1930年深秋，徐志摩辞去南京中央大学教授的职务，到北京大学任教授，同时兼任女师大的教授，吃住都在胡适家。徐志摩决意北上，也许还存有另一份心思：设若把家安在北平，小曼脱离了上海那个纸醉金迷的大环境和一帮热热闹闹、吃喝玩乐的老朋友，说不定就能恢复家的秩序和宁静，夫妻有更大的空间安静相处，彼此相爱。天真的他认为如果小曼能同他一起北上，一定可以改变她在上海沾染的那些坏习惯。

然而，这不过是徐志摩的一厢情愿，陆小曼执意不肯回北平，任他千般万般地恳求，陆小曼的回答都很坚决。从徐志摩 1930 年秋去北平就职，到他去世，二人一直为此拉锯，他要她来北平，她却不肯离上海。陆小曼还多次在信中责备徐志摩忍心抛下多病的她跑去北京，陆母也觉得不解。徐志摩只好信中一遍遍解释说，上海的环境实在不能再受，再窝下去，一定毁；我毁了，对别人没好处，对你也没面子，所以才忍痛离开。至于母病妻弱，我也知道，只是希望你能明白我的苦衷，帮助我自救；同时你也能够从此振作起来，拔出泥潭，脱离贪玩爱奢的痼疾，我们再恢复到从前健康活泼、相爱互助的情景，那才真是海阔凭鱼跃，天高任鸟飞，想要什么要不到？

实际上，精神上的徐志摩如此狼狈不堪，而生理上的他据说也备受熬煎，他在给陆小曼的信中还如是写道：

> 我是个痴子，你素来知道的。你真的不知道我曾经怎样渴望和你两人并肩散一次步，或同出去吃一餐饭，或同看一次电影，也叫别人看了羡慕。但说也奇怪，我守了几年，竟然守不着一单个的机会，你没有一天不是 engaged（有约会）的，我们从没有 privacy（私生活）过。

这种爱人间极普通的幸福，徐志摩都已经得不到了。夫妻不能有单独相处的机会，甚至一次约会尚不可得，这是徐志摩的又一大苦恼。最后他索性选择远走，陆小曼自去花天酒地。

这里，有"新月社"的老朋友，有文人的茶话会，有慕名而来的学生，一切，如此熟悉而亲切。

闲下来的时候，他总是不自觉地走到那石虎胡同里。他又看到了他和小曼第一次相拥的那个巷口，可是那个可爱至极、令他如痴如醉的女子哪里去了？

松坡图书馆的灯还亮着，曾经在那里，小曼从家里偷偷跑出来等了他一天，如今却物是人非，徐志摩不禁黯然神伤。

有多少爱可以重来？曾经的相知相惜恍如昨日，徐志摩再次写信给小曼，以一种近乎乞求的语气让她来北平，可是小曼还是拒绝了，毫无商量的余地。

忧伤之下，志摩几乎绝望了。

其实，陆小曼来上海之前，一直都在北平生活，一直都在北平社交圈里玩得风生水起。陆小曼之所以再不愿意回到那里，想来应该有以下几个原因：

其一，此际的陆小曼，已经离不开鸦片，也离不开翁瑞午了。

来到上海后，陆小曼染上了吸食鸦片的恶习，她那体弱多病的身体，只有鸦片才可以减轻病痛，翁瑞午正是帮她治病并因此让她染上鸦片的那个人。

有关翁瑞午其人，我们下章专门再叙。

其二，对于陆小曼来说，北平似乎是一个梦魇。

当初，正是在北平，懵懂之中的她和王赓携手走进了婚姻的殿堂，开启了一段不幸的人生，尝尽其中的无奈苦涩。后来，也正是在北平，她遇到了徐志摩。为了美好的爱情，她背弃了王赓，忍受了多少流言蜚语的诽谤，顶住了多少谩骂和反对之声。

无论如何，几年的光阴过去了，一场沸沸扬扬的风波刚刚平息，如果陆小曼再度回到那一块是非之地，难免又要接受别人的品头论足，这是陆小曼不愿意接受的现实。更何况，现在她和徐志摩的经济状况如此窘迫，贸然回到北平，他们即将面对的生活可能更加糟糕。

其三，是因为北平有个林徽因。那个才华横溢的美丽女子，是陆小曼心中挥之不去的一种痛。

也许，陆小曼还真切地记得，她和徐志摩结婚后，时在美国的林徽因给他们写来了一封信，信中祝他们"幸福、幸福、幸福"。徐志摩看着这一封来自于大洋彼岸的祝福，一时沉默不语，小曼看着有些异样的徐志摩，问道："你还爱着她？"徐志摩抬起头来，望着她的眼，没有半点思索，点点头说："是。"

徐志摩的坦然回答，让依然沉浸在新婚幸福里的陆小曼心中一痛，顿时流下了哀怨的泪水，脸上满是责备和委屈。

徐志摩当然明白陆小曼此刻的心情，这个让他重拾爱情之花的柔弱女子，曾经顶住了多少谴责和非议。两人的爱情之路，如此的幸福甜蜜，却也如此一波三折，让人唏嘘。来之不易的爱情胜利果实，当然需要倍加珍惜，可是，若让徐志摩真的从心底忘却林徽因，不可能，也不现实。

是的，他永远不会忘记那一段浪漫旖旎的日子，那是他和林徽因一起在英国度过的美丽时光。在他那首著名的《再别康桥》里，我们不仅可以读到徐志摩对康桥的无限留恋，在诗中荡漾着的淡淡哀愁里，我们又分明看到了林徽因的影子。在康桥，徐志摩作别的不仅仅是西天的云彩，还应该有他和林徽因一起度过的美丽时光。在徐志摩丰富的情感世界里，林徽因也正如一片西天的云彩，轻轻地来了，又轻轻地走了。那些美丽的日子，一如康河的不断荡漾着的柔波，在他记忆里挥之不去。

面对爱之至深的新婚妻子，徐志摩不会撒谎，因为他骗不了自己，也骗不了冰雪聪明的陆小曼。他必须直面自己的内心，因为徐志摩从来都是一个真实的人。

人非草木，孰能无情？他如何轻易将她放下？面对耿耿于怀的陆小曼，徐志摩说道："我爱她与爱你不同。我爱她如爱天使，我爱你才是一个男子对女子的爱……"

徐志摩真诚告白，暂且打消了陆小曼心中的顾虑，但林徽因却一直是她心中的一个结，这应该是一个不争的事实。甚至可以说，陆小曼可以容忍徐志摩跟其他女人亲近暧昧，却唯独不能接受林徽因。她曾经说过，她不在意他身边的任何女子，除了林徽因。每每徐志摩的信里提到林徽因的名字和她的近况，陆小曼的心里就十分不安。在林徽因面前，陆小曼是不自信的。

陆小曼早已经适应了上海的一切，她的生活俨然已经成为上海的一部分。既来之，则安之，奈何再去面对那些不愉快的是是非非？因此，当志摩提出一起去北平时，陆小曼断然拒绝了。

相爱易，相守难。

她在南，他在北。

缘浅情深，还是缘在情已尽？

1931 年 4 月，徐志摩母亲病重，徐志摩赶回去探望。由于徐志摩的父亲和陆小曼的关系日益恶化，徐申如便不让陆小曼来，说如果陆小曼来他就走。徐志摩很生气，碍于母病又不便发作。几天后，徐申如又打来电话说徐母病重，让志摩赶快回去。徐志摩就问："小曼怎么办？"徐父说："且缓，你先安慰她几句吧！"实际上还是不想让陆回去。不久，徐母过世，陆小曼急急地赶到海宁硖石，这是她第三次到海宁。但徐志摩的父亲不让陆小曼进家门，她只得待在硖石的一家旅馆里，当天就回到上海。而张幼仪却以干女儿的名义参加了葬礼。

这件事情对陆小曼的打击相当大，她认为自己在徐家没有一点地位，反不及已离婚的张幼仪，这其实是对她的羞辱。她在写给徐志摩的信上说："你通同他人来欺我！你家欺我太甚。"徐志摩当即给陆小曼写信，表达自己的愤怒和无奈："我家欺你，即是欺我。这是事实，我不能护我的爱妻，且不能保护自己。我也懊憹得无话可说，再加不公道的来源，即是自己的父亲，我那晚顶撞了几句，他便到灵前去放声大哭。可是你放心，我虽然懦弱孝顺，也不会就这么善罢甘休。我们一定要靠在一起，同心合力，出这口气不可。母亲不在了，这个家我也不留恋了，既然父亲喜爱幼仪，那就让她去孝顺他罢了。这次他拒绝你，就是间接地离绝我，我们非得出这口气。"

至于真出气还是假出气，那就不必去考量。及至下个月徐父过59岁的寿辰，他还是乖乖回硖石。寿宴已毕，两日后徐母"开吊"，徐父倒是允许陆小曼参加。可是陆小曼来后，张幼仪也在，两个人一比较，徐申如对小曼仍旧冷若冰霜，避之若瘟疫。

陆小曼满心委曲，难得求全，如此她更是恨起徐家来，连带徐志摩一起恨。多年后，陆小曼还对郁达夫的前妻王映霞说："徐家公婆把志摩与幼仪的离婚归咎于我，这是大大的冤枉。他们离婚是1922年，我与志摩相识于1924年，其间间隔两年，他们的事完全与我无关，但他们对我不谅解。公公视我如仇人，结婚几年，还不允许我见婆婆的面。映霞，我是在矛盾中生活，也是在痛苦中生活。'问君能有几多愁，恰似一江春水向东流'，我以最大的勇气追求幸福，但幸福在哪儿呢？是一串泡影，转瞬之间，化为乌有。"

这件事情多少影响了陆小曼和徐志摩的关系，使他们本已紧张的关系更蒙上了一层始终抹不去的阴影。基于这方面的原因，对于徐志摩要她北上一事，一肚子委屈加怨恨的陆小曼十分拒绝。爱人不领受自己的心意，这让徐志摩也更加委屈，信上语气就不善："我想到你那乱，我就没有勇气写好信给你。前三年我去欧美、印度时，那九十多封信都到哪里去了？那是我周游的唯一成绩，如今亦散失无存，你总得改良改良脾气才好。我的太太，否则将来竟许连老爷都会被你放丢了的。……老爷是一只牛，他的唯一用处是做工赚钱。'牛'这两星期不但要上课还要补课，夜晚又不得睡，心里也不舒泰。"

陆小曼根本不给他回信，据说她和翁瑞午等一群人在游杭州。

似乎徐志摩只是一个过客，有与无已经没有那么重要。有时候志摩回来，小曼也会表现出久违的欢喜，志摩走了她也会很难过，但那些情绪如蜻蜓点水而过，纸醉金迷的生活很快就平复了那些微微荡漾的情绪，因为这里有翁瑞午带给她的推拿和鸦片，既可以暂且麻醉她身上的病痛，也可以聊以慰藉她内心的伤痛。

"吟诗作赋北窗里，万言不及一杯水。"这是伟大的浪漫主义诗人李白当年的慨叹。是的，金钱从来不是万能的，可是没有钱真的是万万不能的。一年多来的切身经历，徐志摩应该真真切切弄明白了这一放之四海而皆准的教训。生于富贵，长于富贵的他，何曾有过如此困顿和失意？原本热烈而甜蜜的爱情，终于被坚挺而无情的现实摧残得面目全非。

衣带渐宽终不悔，为伊消得人憔悴，都是可恨且可爱的爱情惹的祸。爱情是个好东西，但千万不要随便触碰；当美妙无比的爱情遭遇真金白银的现实，才真正是折磨和考量的开始。

曾经海誓山盟的爱人，为何要在携手幸福人生的途中渐行渐远？原本花好月圆的美好期许，为何在对爱的追求中被击得千疮百孔？

志摩曾说："在主的面前，爱是唯一的荣光。"面对爱的挫败惶恐，这位伟大浪漫的诗人还能苦苦支撑多久？

诗人之死

　　徐志摩回家的时候，为节约路费，常会搭乘别人的免费飞机。陆小曼怕他出危险，劝他还是不要坐，徐志摩无奈地说："你也知道我们的经济条件，你不让我坐免费飞机，坐火车可是要钱的啊。我一个穷教授，又要管家，哪来那么多钱去坐火车呢？"陆小曼没看话讲，只得说："心疼钱，那你还是尽量少回来吧！"不过徐志摩终究是顾家的男人，仅1931年的上半年，徐志摩就在上海、北京两地来回奔波了8次。

　　胡适的太太看他辛苦，说他可怜，他只当是为人丈夫的本分之事，盼着哪一天小曼想清楚，与他北上团聚。可叹他一片痴心，隔两天就写一封信，嘘寒问暖传情达意。关于钱的问题徐志摩在给陆小曼的家信中也提了又提，因为钱，都急得睡不着觉。

　　陆小曼写信却少，就是写，信里也是讽刺挖苦。徐志摩信中央求："你来信说几句亲热话，我心里不提有多么安慰！已经南北隔离，你再要不高兴我如何受得？所以大家看远一些，忍耐一些，我爱你，你最知道，岂容再说。"

　　陆小曼本来很懒，他的信一封一封地往回写，陆小曼却每天耽于嬉乐，一封也懒得去回，这回倒是回了一封，口气却是这样：

> 我是自幼不会理家的，家里也一向没有干净过，可是倒也不见得怎样住不惯，像我这样的太太要能同胡太太那样能料理，老爷是恐怕有些难吧，天下实在很难有完美的事呢。玉器少带两件也好，你看着办吧。既无钱回家何必拼命呢，飞机还是不坐为好。北京人多朋友多玩处多，当然爱住，上海房子小又乱，地方又下流，人又不可取，还有何可留恋呢！来去请便吧，浊地本留不得雅士，夫复何言！

陆小曼的回信，让徐志摩一时无语。

一南一北，两地分居，两个曾经爱得死去活来的年轻人，就这样僵持着，继续着聚少离多的生活。为了养家，徐志摩尽其所能，倾其所有；为了玩乐，陆小曼尽心任意，毫无顾忌。

这种惨淡经营的人生，是徐志摩的悲哀，还是陆小曼的不幸？

无论如何，令人揪心的是，这种窘迫的人生境遇并没有持续多久，随着高空里的那一声惊天巨响，当下纷纷扰扰的一切戛然而止，一段生动迷人的爱恋也因此画上了句号。

1931年11月，陆小曼给徐志摩连拍电报，催他回家。徐志摩兴奋极了，想着是妻子想念他，赶快托关系预定到送顾维钧去南京的座机。因为飞机延期，他才得了时间与北平好友一一话别。

他对好友许地山说："也许永不再回来了。"

这话是什么意思？他不回北平，是体会到爱妻思念自己的心意，终于决定留在上海，夫妻相伴了吗？还是冥冥中天意指使，教他说出这样"不祥"的话来？

之后，他又去看凌叔华，见她一个本子上正抄写着他的文章，且戏题曰："志摩先生千古。"这个诗意的女子，又是什么意思？徐志摩说："哪能就千古了呢？"

他又给林徽因留字条说："定明早六时起飞，此去存亡不卜……"

这话想来不过是故作夸张，在心仪的女神面前说一些教她哀怜的话，收获一些爱与关怀。林徽因阅后即打电话给他，他就故作豁达地说："你放心，很稳当的，我还要留着生命看更伟大的事迹呢，哪能便死？"

这次从北平返沪倒是一路平安，11月11日，徐志摩搭乘张学良的专机飞抵南京，13日抵达上海。等他急匆匆回家，却看到陆小曼仍旧一榻横陈，吞云吐雾，看到他一脸的漠然。而她给他连拍十几封急电，不过是负债累累，家中无钱，难以维持在上海的排场而已。

徐志摩一路的期待和欣喜顿时化作满心的恼火和悲凉。

结果，两人一见面还没说几句话就吵了起来。据郁达夫回忆："当时陆小曼听不进劝，大发脾气，随手把烟枪往徐志摩脸上掷去，志摩连忙躲开，幸未击中，金丝眼镜掉在地上，玻璃碎了。"徐志摩一怒之下，负气出走，一夜未归。

曾经相惜相依的一对生死鸳鸯，转头变身为互不待见的怨偶。

次日，徐志摩到刘海粟处，看他从海外归来的新作；中午到罗隆基处进餐，午后又回刘海粟处。这样一直在外流连，觉得陆小曼的气消散了，说不定此刻正切切地等自己归来，可是，等他满怀期待地返回家里，看到的却是陆小曼写就的一封冰冷的绝情信。

无情的现实仿佛当头的一盆冷水，伤心至极的徐志摩匆匆离沪，18日到了南京，住在朋友何竞武家。本来打算乘张学良的福特式飞机回北京，临行前，张学良通知他因事改期。晚上他到了张歆海家，还遇到杨杏佛，然后与张歆海的夫人韩湘眉讨论"人生与恋爱"的话题。说笑之间，韩湘眉似忽有所感，说："Suppose something happens tomorrow（说不定明天会有什么事发生），志摩！"

徐志摩笑着说："你怕我死么？"

"志摩！正经话，总是当心点的好。司机是中国人，还是外国人？"

"不知道！没有关系，I always want to fly（我总是要飞的），我以为天气晴朗，宜于飞行。"

"你这次乘飞机，小曼说什么没有？"

"小曼说，我若坐飞机死了，她作 merry widow（风流寡妇）。"

这时，杨杏佛接嘴说："All widow are merry（凡是寡妇皆风流）。"于是大家一同笑起来。

当晚，因何竞武家离飞机场近，徐志摩仍宿在何家，以便次日免费搭乘中国航空公司的邮政班机飞返北平。

19日上午8时，雾，不宜飞行。可是当晚林徽因在北平协和小礼堂为外国使节演讲中国建筑艺术，徐志摩不想错过，于是登机，飞机起飞。

10 点 10 分，飞机飞到徐州。登机之前，他给陆小曼发了一封短信："徐州有大雾，头痛不想走了，准备返沪。"

可惜的是，最终他还是走了。

10 时 20 分，飞机再行北飞。

因大雾影响，飞机于中午 12 时半在济南党家庄附近触山爆炸，机上三人，无一生还。

韩湘眉之前的预感应验了，Something happened。

厄运来得如此突然，谁也不相信这样的事实，包括陆小曼。

无论人们相信不相信，1931 年 11 月 20 日，北平的《晨报》上赫然写着这样的消息：

哀平北上机肇祸，昨日在济南坠落！机身全焚，乘
客司机均烧死。天雨雾大误触开山。

寥寥数语，字字惊心，一代大才就此陨落！

是的，这一次，她的摩真的走了，永远不会再回来，无论陆小曼相信还是不相信。

徐志摩遇难，送他免费机票的南京航空公司主任保君健亲自跑到徐家给陆小曼报信，她不听不信，把他拒之门外。保君健无奈之下去找张幼仪，张幼仪派 13 岁的儿子徐积楷和八弟去山东认领尸体。

1931 年 11 月 19 日，这是一个不幸的日子。令人惊叹的是，不幸罹难的三人，都刚刚届满 36 岁。

这一年，陆小曼时年 29 岁。这个月，他们刚好结婚五周年。

当时的《新闻报》如此报道：

> 该机于上午10点10分飞抵徐州，10点20分继续北行，是时天气甚佳。想不到该机飞抵济南50里党家庄附近，忽遇漫天大雾，进退俱属不能，致触山顶倾覆，机身着火，机油四溢，遂熊熊，不能遏止。飞机师王贯一、梁璧堂及乘客徐志摩，遂同时遇难。死者三人皆三十六，亦奇事也。

字字见血，令人不能不信，所有听到这噩耗的人都悲恸不已。

斯人已去，天地悬隔，昨天还朝气勃勃的徐志摩，今天已经安静地躺在一座小庵中了。这座名为福缘庵的小庵，原来是个卖瓷器的店铺，院子里堆放着大大小小的坛坛罐罐。

等人们再见到他的时候，在济南中国银行工作的一位姓陈的办事人，此前早就已经将他的遗体装殓得干净整洁了。按照当地民间寿衣的样式，他给徐志摩穿了件蓝色的绸布长袍，上罩一件黑马褂，头戴红顶黑绸小帽。

梁思成、金岳霖、张奚若3人，11月22日上午9时半赶到济南，在齐鲁大学会同乘夜车到济的沈从文、闻一多、梁实秋、赵太侔等人，一起赶到福缘庵。

梁思成带来一只用铁树叶作主体缀以白花的小花圈，这只具有希腊风格的小花圈，是林徽因和他流着泪编成的，志摩的一张照片镶嵌在中间。

下午5时，徐志摩的长子徐积锴和张幼仪的哥哥张嘉铸，从上海赶到济南，朱经农夫妇也来了。晚8时半，灵柩装上了一辆敞篷车，由徐积锴、张嘉铸、郭有守等人护送回沪。

在返回北平之前，梁思成悄悄捡起了"济南号"飞机残骸的一块小木板，珍惜地放进自己提包里，这是林徽因再三叮嘱的。

斯人已去，生者何苦！

噩耗传来，陆小曼一下昏厥了。醒过来后，她号啕大哭，直到眼泪哭干。王映霞这样描述她当时的模样："下午，我换上素色的旗袍，与达夫一起去看望小曼，小曼穿一身黑色的丧服，头上包了一方黑纱，十分疲劳，万分悲伤地半躺在长沙发上。见到我们，挥挥右手，就算是招呼了，我们也没有什么话好说，在这场合，说什么安慰的话都是徒劳的。沉默，一阵长时间的沉默。小曼蓬头散发，大概连脸都没有洗，似乎一下老了好几个年头。"

陆小曼此时究竟悲伤到什么程度，连郁达夫都觉得难以描写，他说："悲哀的最大表示，是自然的目瞪口呆，僵若木鸡的那一种样子，这我在小曼夫人当初接到志摩凶耗的时候曾经亲眼见到过。其次是抚棺一哭，这我在万国殡仪馆中，当日来吊的志摩的许多亲友之间曾经看到过。"

陆小曼清醒后，便坚持要去山东党家庄接志摩的遗体，被朋友们和家里人死命劝住了。志摩的遗体从济南运回上海后，陆小曼见到了现场唯一的一件遗物——一幅山水画长卷。这幅画是陆小曼于1931年春创作的，堪称陆小曼早期的代表作，风格清丽，秀润天成。更为珍贵的是它的题跋，计有邓以蛰、胡适、杨铨、贺天键、梁鼎铭、陈蝶野诸人手笔。徐志摩把这张手卷随带在身，是准备到北京再请人加题，只因手卷放在铁箧中，故物未殉人，奇迹般地保存了下来。

小曼看着这张画卷，想到徐志摩的种种好处，泪水涟涟，百感交集。自此，她一直珍藏着这幅画，如同保护自己的生命。

　　林徽因惊闻噩耗，当场昏厥。梁思成于现场拾回的一块飞机残片，被她悬挂卧室墙上。

　　胡适等一些亲朋故友更是惋惜痛哭，哀伤不已。

我是天空里的一片云

中国银行在济南为徐志摩举行了公祭和丧礼，在济南的公祭结束以后，中国银行安排一节火车车厢，将徐志摩的尸体运回了上海，准备在上海再举行一次公祭，然后再运回硖石，让他入土为安。

北平的公祭设在北大二院大礼堂，由林徽因主持安排，胡适、周作人、杨振声等到会致哀，京都的社会贤达和故友纷纷题写挽联、挽诗和祭文。

徐志摩的灵柩运到上海万国殡仪馆，1931 年 12 月 6 日，上海文艺界在静安寺设奠，举行追悼仪式，吊唁的人络绎不绝，许多青年学生排着队来瞻仰这位中国的拜伦。大厅里人涌如潮，挽联满壁，花圈蜿蜒，一代才子极尽哀荣。

老年丧子，徐申如内心的悲伤可想而知，他给儿子挂挽联：

考史诗所载，沉湘捉月，文人横死，各有伤心，尔本超然，岂期邂逅罡风，亦遭惨劫？

自襁褓以来，求学从师，夫妇保持，最怜独子，母今逝矣，忍使凄凉老父，重赋招魂？

中年丧妻的徐申如，又逢丧子，双重招魂曲，凄凉老境跃然纸上，心绪悲绝。其中的"沉湘捉月"，分别指古时的屈原、李白横死的故事，自家的儿子与这二人都是诗人，虽然死法不一，但情致一也。自家儿子遭受惨劫的悲伤，白发人送黑发人的无奈，尽在字里行间！上联用典，屈原"沉湘"，李白"捉月"，下联则直叙家事，更加细致地痛陈悲情。

张幼仪的挽联简洁明了：

万里快鹏飞，独憾翳云悲失路；

一朝惊鹤化，我怜弱息去招魂。

虽然早就被无情抛弃了，张幼仪的心里却一直装着这个灵气逼人的男人，其内心伤悲自不是一副挽联可以表达。

梅兰芳的挽联一唱三叹：

归神于九霄之间，直着呓籁成诗，更忆招花微笑貌；

北来无三日不见，已诺为余编剧，谁怜推枕失声时。

张歆海、韩湘眉的挽联椎心泣血：

十数年相知情同手足，一刹那惨剧痛切肺腑。

温柔诚挚乃朋友中朋友，纯洁天真是诗人的诗人。

杨杏佛的挽联不胜哀痛：

红妆齐下泪，青鬓早成名，最怜落拓奇才，遗受新诗又不朽；

少别竟千秋，高谈犹昨日，共吊飘零词客，天荒地老独飞还。

庐隐和李惟建夫妇的挽联是一片手足之情：

叹君风度比行云，来也飘飘，去也飘飘；

嗟我哀歌吊诗魂，风何凄凄，雨何凄凄。

黄炎培的挽诗长歌当哭：

天纵奇才死亦奇，云车风马想威仪。

卅年哀乐春婆梦，留与人间一卷诗。

白门哀柳锁斜烟，黑水寒鼙动九边。

料得神州无死所，故飞吟蜕入寥天。

新月娟娟笔一支，是清非薄不凡姿。

光华十里联秋驾，哭到交情意已私。

这每一字，每一句，如遥远的钟声阵痛人心。

徐志摩曾和刘半农开玩笑说："我会坐飞机摔死，如果我死了，你得给我送挽联。"结果，徐志摩真就摔死了，刘半农也真送了挽联：

一夕清谈成永诀；

万山云雾葬诗魂。

一语成谶，令人扼腕，不经意间的"预言"，却成了最后的归宿。

蔡元培对徐志摩其人其死别有一番看法。他题写的挽联是：

谈话是诗，举动是诗，毕生行径都是诗，诗的意味
渗透了，随遇自有乐土。

乘船可死，驱车可死，斗室生卧也可死，死于飞机
偶然者，不必视为畏途。

忽然想起，徐志摩曾写过一首情诗，题目就叫《偶然》：

我是天空里的一片云，

偶尔投影在你的波心；

你不必讶异，

更无须欢喜，

在转瞬间消灭了踪影。

你我相逢在黑夜的海上，

你有你的，我有我的，方向；

你记得也好，

最好你忘掉，

在这交会时互放的光亮！

无论徐志摩生前这首诗是写给谁的，都一定是关乎爱情和生命的，而蔡元培先生在挽联中专门提到了"偶然"，也一定绝非"偶然"。

你的一举一动都是诗，将来走到哪里也自然都是乐土；怎么样都会死，也不用担心坐飞机就一定会死。

英姿勃发，灵气逼人，痴情一生，钟爱一生，潇洒一生，无畏一生，率真一生，放逐一生，这就是徐志摩。

诗人的云游飞升，被称作"中国文坛之大损失"，从此，"志摩诗集人间无，文章才华辰星看"。

他的生命太绚烂，他的生命也太过短暂，他悄然离去的那一刻，有关他的一切，已然化为某种永恒。

徐志摩在散文《想飞》中曾经写过这样一段话：

是人没有不想飞的。老是在这地面上爬着够多厌烦，不说别的。飞出这圈子，飞出这圈子！到云端里去，到云端里去！

你上那边山峰顶上试去，要是渡不到这边山峰上，

你就得到这万丈的深渊里去找你的葬身地！

显然，徐志摩这是在用他"如飞"的美文，表达他一生对"飞翔"理想的执着追求。但如此行文，诗人何为？难道一切早已经预料？

无论如何，徐志摩像一只飞鸟，又像高空里的一片云，翩然而去，完成了他"想飞"的梦想。

志摩说过："我们双手空着来到人间，当我们滑进坟墓的时候，金钱和功名像一缕轻烟，散得无影无踪，唯有曾创建的不经意的酿成的美不死在人间。"爱和美，就如同一种宗教，是徐志摩赖以存在的方式，同时也是他高标性灵自由，证明自己人格力量的方式。在他灵魂最为困顿的时候，一声闷响穿过浓雾，诗人就这样被云彩带走了。

在高高的云端，撞山而死，也算轰轰烈烈。

他自由了！

悄悄的我走了，

正如我悄悄的来；

我挥一挥衣袖，

不带走一片云彩。

这是徐志摩写于三年前的文字。或许，所有人都不会想到的是，这些脍炙人口的诗句，竟然成了他告别这个世界时最好的注脚。

哭志摩

"死去何所道，托体同山阿。"这是晋人陶渊明老先生的洒脱和逍遥，可是，志摩的离世太突然了。没有留下只言片语，没有带走一片云彩，没有来得及和他曾经热爱的一切道一声再见。

他一定有太多的不舍和遗憾。

诗人死在了高高的云端，他的小曼会怎么样呢？

本来，在上海的公祭，张幼仪是不准备参加的，因为有陆小曼在就够了。但是那天，陆小曼却托人给张幼仪来了电话，请她务必过去一趟，张幼仪想不通她要干什么，但还是穿了件黑绸衫过去了。

原来，按照祖制，张幼仪几天前安排人为徐志摩穿上了中式寿衣，用的棺材也是中式的，但是陆小曼看了以后，却不满意了，她说徐志摩一直都穿西装的，怎么死后却给他穿上了中式衣服。她请张幼仪来，就是想给徐志摩换上西装，并且还想把棺材也换成西式的，她要给志摩举办一场西式葬礼。但是张幼仪对她的这两个要求都拒绝了，理由只有五个字：他是中国人！自己丈夫的葬礼，自己却没有任何的决定权，悲伤的陆小曼只能无奈作罢。

上海公祭徐志摩，陆小曼抚棺一哭，却没有什么人来抚劝。作为徐志摩的遗孀，他的朋友对她却不能原谅。

每个爱他的人都在用自己的方式寄托对这位诗人的哀思，却唯独将那最痛苦的人挡在门外，这个人就是陆小曼。

徐志摩的父亲徐申如固执地认为是陆小曼害死了徐志摩，没有让她来参加最后的葬礼。

陆小曼的母亲也说："小曼害死了志摩，也是志摩害死了小曼。"

徐志摩失事后，陆小曼遭受的打击和批评可想而知，社会上的舆论暴力如同瓢泼大雨。徐志摩的一些朋友不愿再跟她来往，认为是陆小曼不肯北上才导致悲剧上演。徐志摩离世后陆小曼所受的千夫所指，和她素无交往的冰心倒是看不过，她在写给梁实秋的信中，有这么一段公道话："谈到女人，究竟是女人误他，还是他误女人，也很难说。志摩是蝴蝶，而不是蜜蜂，女人的好处就得不着，女人的坏处就使他牺牲了。到这里，我打住不说了！"凌叔华也曾说过："陆小曼的错，是一般女子常有的错，但大家对她多不原谅……陆小曼生于富贵，却不慕富贵，不可否认她的挥霍，但那是她从小就养成的习惯。我们不要忘记陆小曼的父亲当时是政界、商界的领袖，怎能亏待家中九死一生的独苗。"

无论如何，徐志摩真的死掉了。至此，陆小曼有了一个前夫，有了一个亡夫。她以自我为中心地活了二十多年，如今尝到了自酿的苦果，陆小曼整个人都傻掉了！

好多天，陆小曼一直处于昏昏沉沉的状态之中。当她清醒过来的时候，她才意识到她的摩真的不在了。想着她亲爱的摩，她有多少话要对他说呀，她再也忍不住了，提笔写下了对他的所有思念。如下，是《哭摩》里面的文字：

我深信世界上怕没有可以描写得出我现在心中如何悲痛的一支笔。不要说我自己这支轻易也不能动的一支。可是除此我更无可以谈我满怀伤怨的心的机会了，我希望摩的灵魂也来帮我一帮。苍天给我这一霹雳直打得我满身麻木得连哭都哭不出，浑身只是一阵阵的麻木。几日的昏沉直到今天才醒过来，知道你是真的与我永别了。

摩！漫说是你，就怕是苍天也不能知道我现在心中是如何的疼痛，如何的悲伤！从前听人说起"心痛"我老笑他们虚伪，我想人的心怎会觉得痛，这不过说说好听而已，谁知道我今天才真的尝着这一阵阵心中绞痛似的味儿了，你知道么？曾记得当初我只要稍有不适即有你声声地在旁慰问，咳，如今我即是痛死也再没有你来低声下气的慰问了，摩，你是不是真的忍心永远抛弃我了么？你从前不是说你我最后的呼吸也要连在一起才不负你我相爱之情么？你为甚不早些告诉我你是要飞去呢？直到如今我还是不信你真的是飞了，我还是在这儿天天盼着你回来陪我呢，你快点将未了的事情办一下，来同我一同去到云外去优游去吧，你不要一个人在外逍遥，忘记了闺中还有我等着呢。

这不是做梦么，生龙活虎似的你倒先我而去，留着一个病恹恹的我单独与这满是荆棘的前途来奋斗。志摩，这不是太惨了么？我还留恋些甚么？可是回头看看我那苍苍白发的老娘，我不由一阵阵只是心酸，也不敢再羡你的清闲，爱你的优游了。我再哪有这勇气，去丢她这个垂死的人而与你双双飞进这云天里去围绕着灿烂的明星跳跃，忘却人间有忧愁、有痛苦，像只没有牵挂的梅花鸟？这类的清福怕我还没有缘去享受！我知道我在尘世间的罪还未满，尚有许多的痛苦与罪孽还等着我去忍受呢。我现在唯一的希望是你倘能在一个深沉的黑夜里，静静凄凄地放轻了脚步走到我枕边，给我些无声的私语让我在梦魂中知道你！我的大大是回家来探望你那忘不了你的爱来了，那时间，我决不张惶！你不要慌，没人会来惊扰我们的。多少你总得让我再见一见你那可爱的脸，我才有勇气往下过这寂寞的岁月，你来吧，摩！我在等着你呢。

　　事到如今我一些也不怨，怨谁好？恨谁好？你我五年的相聚只是幻影，不怪你忍心去，只怪我无福留。我是太薄命了，十年来受尽千般的精神痛苦，万样的心灵摧残，直将我这一颗心打得破碎得不可收拾。今天才变了死灰的了，也再不会发出怎样的光彩了。好在人生的刺激与柔情我也曾尝味，我也曾容忍过了。现在又受到了人生里最可怕的死别。不死也不免是朵憔萎的花瓣，再见不着阳光晒，也不见甘露了。从此再不能知道世间有我的笑声了。

　　完了，完了，从此我再听不见你那叽咕小语了，我心里的悲痛你知道么？我的破碎的心留着等你来补呢，你知道么？唉，你的灵魂也有时归来见我么？那天晚上我在朦胧中见着你往我身边跑，只是那一霎眼的就不见了，等我跳着，叫着你，也再不见一些模糊的影子了。咳，你叫我从此怎样度此孤单的岁月呢，真是叫天天不应，叫地地不响，苍天因何给我这样残酷的刑罚呢！从此我再不信有天道，有人心，我恨这世界，我恨天，恨地，我一切都恨，我恨他们为什么抢了我的你去，生生地将我们两颗碰在一起的心离了开去，从此叫我无处去摸我那一半热血未干的心。你看，我这一半还是不断流着鲜红的血，流得满身只成了个血人，这伤痕除了那一半的心来补，还有甚么法子叫她不滴滴直流呢，痛死了有谁知道，终有一天流完了血，自己就枯萎了。

我真不明白你我在佛经上是怎样一种因果，既有缘相聚又因何中途分散，难道说这也有一定的定数么？记得我在北平的时候，那时还没有认识你，我是成天地过那忍泪假笑的生活，我对人老含着一片至诚纯白的心而结果反遭不少人的讥诮，竟可以说没有一个人能明白我，能看透我们。一个人遭着不可言语的痛苦，当然不由得生出厌世之心，所以我一天天的只是藏起了我的真实的心，而拿一个虚伪的心来对付这混浊的社会，也不希望再有人来能真真地认识我、明白我，甘心愿意从此自相摧残地快快了此残生。谁知道就在那时候会遇见了你，真如同在黑暗见着了一线光明，将死的人又吸了一口气，生命从此转了一个方向。摩摩，你明白我，真可算是透彻极了，你好像是成天钻在我的心房

沧江垂钓

溪山高隐

献荔图

牵牛织女

小曼画作

黄山松阁

里似的，直到现在还只是你一个人是真懂得我的。我记得我每遭人辱骂的时候你老是百般地安慰我，使得我不得不对你生出一种不可言喻的感觉，我老说，有你，我还怕谁骂，你也常说，只要我明白你，你的人是我一个人的，你又为甚么要去顾虑别人的批评呢？所以我哪怕成天受着病魔的缠绕，也再不敢有所怨恨了。我只是对你满心的歉意，因为我们理想中的生活全被我的病魔来打破，连累着你成天也过那愁闷的日子。可是二年来我从来未见你有一些怨恨，也不见你因此对我稍有冷淡之意。也难怪文伯要说，你对我的爱是 complete and true 的了，我只怨我真是无以报答你，这，我只好报之于将来了。

我现在不顾一切往着这满是荆棘的道路上去走，去寻一点真实的发展，你不是常怨我跟你几年没有受着一些你的诗意的陶冶么？我也实在是惭愧，真也辜负你一片至诚的心了，我本来一百个放心，以为有你永久在我身边，还怕将来没有一个成功么？谁知现在我只得独自奋斗，再不能得你一些相助了，可是我若能单独撞出一条光明的大路也不负你爱我的心了，愿你的灵魂在冥冥中给我一点勇气，让我在这生命的道路上不感受到孤立的恐慌。我现在很决心地答应你从此再不张着眼睛做梦，躺在床上乱讲，病魔也得最后与它决斗一下，不是它生便是我倒。我一定做一个你一向希望我所能成为的那种人。我决心做人，我决心做一点认真的事业，虽然我头顶只见乌云，地下满是黑影，可是我还记得你常说

"受苦的人没有悲观的权利"。一个人决不能让悲观的慢性病侵蚀人的精神，同厌世的恶质染黑人的血液。我从此决不再病（你非暗中保护我不可），我只叫我的心从此麻木，再不问世间有恋情，人们有欢娱，我早打发我心、我的灵魂去追随你的左右像一朵水莲花拥扶着你往白云深处去缭绕，决不回头偷看尘间的作为，留下了我的躯壳同生命来奋斗。等到战胜的那一天，我盼你带着悠悠的乐声从一团彩云里脚踏莲花瓣来接我同去永久地相守，过我们理想的岁月。

一转眼，你已经离开了我一个多月了，在这段时间我也不知道是怎样过来的，朋友们跑来安慰我，我也不知道是说甚么好，虽然决心不生病，谁知一直到现在它也没有离开过我一天。摩摩，我虽然下了天大的决心，想与你争一口气，可是叫我怎生受得了每天每时悲念你时的一阵阵心肺的绞痛，到现在有时想哭，眼泪干得流不出一点，要叫，喉中痛得发不出声。虽然他们成天地逼我喝一碗碗的苦水，也难以补得了我心头的悲痛，怕的是我恹恹的病体再受不了那岁月的摧残。我的爱，你叫我怎样忍受没有你在我身边的孤单。你那幽默的灵魂为甚么这些日也不给我一些声响？我晚间有时也叫他们走开，房间不让有一点声音，盼你在人静时给我一些声响，叫我知道你的灵魂是常常环绕着我，也好叫我在茫茫前途中感觉到一点生趣，不然怕死也难以支持下去了。摩！大大！求你显一显灵吧，你难道忍心真的从此不再同我说一句话了么？不要这样的苛酷了吧！你看，我这孤单的人影从此怎样的去面对这艰难的世界？难道你看了不心痛么？你一直爱我的心还存在么？你为甚么不响？大！你真的不响了么？

字字泪，声声血，痛彻肝肠，其伤悲痛苦，感人至深。

"回头发现你不见了，突然我乱了。"当那些感情跃然纸上的时候，陆小曼才再一次震惊，自己爱得如此深，如此难以自拔。可惜的是，这样的苦楚忏悔，志摩再也不知道了，或许，这才是命运对她的最大提醒和惩罚。

生死两茫茫

王赓离开了，志摩不在了，小曼又将何以自处？

陆小曼没有未卜先知的能力，如果她知道徐志摩会因为她而早赴天国，她一定会改变自己的生活，努力成为爱人心中所期望的样子。

可是，世间事从无回头路可走，志摩已经先她而去。

志摩去世后，陆小曼便遣散了家中的仆役，辞退了汽车夫，只留一名贴身女佣。陆小曼家里有一块玻璃板，下面有一张志摩的便装照片，一旁的纸张上写着白居易《长恨歌》里的一句诗："天长地久有时尽，此恨绵绵无绝期。"据王映霞事后回忆："志摩走完了他的人生旅程以后，我与小曼仍然时有来往，她依旧住在四明村。小曼是爱志摩的，始终爱志摩的。他飞升以来，小曼素服终生，我从未见到她穿过一袭有红色的旗袍，而且闭门不出，谢绝一切比较阔气的宾客，也没有到舞厅去跳过一次舞。这对素来在交际场中讨生活的小曼，是难能可贵的。在她的卧室里悬挂着徐志摩的大幅遗像，每隔几天，她总要买一束鲜花献给他。她对我说：'艳美的鲜花是志摩的象征，他是永远不会凋谢的，所以我不让鲜花有枯萎的一天。'"

前半生，她挥霍金钱，挥霍青春，挥霍志摩那一份珍贵的爱恋。如今，志摩死了，她的这场喧嚣迷乱的青春盛宴，也随着飞机的一声巨响，宣告终结。她真正体验到了爱与恨、生与死、悔痛与哀伤。她在《爱眉小札》的序中这样讲：

> 到这儿，我不觉要向上天质问为什么我这一生是应该受这样的处罚的？是我犯了罪么？何以老天只薄待我一个人呢？我们既然在那样困苦中争斗了出来，又为什么半途里转入了这样悲惨的结果呢？生离死别，幸喜我都尝着了。在日记中我尝过了生离的滋味，那时我就疑惑死别不知更苦不？好！现在算是完备了。甜，酸，苦，辣，我都尝全了，也可算不枉这一世了。

陆小曼还记得，就在徐志摩坠机的那天中午，悬挂在家中客堂的一个镶有徐志摩照片的镜框突然掉了下来，相架跌坏，玻璃碎片散落在徐志摩的照片上。陆小曼预感这是不祥之兆，嘴上不说，心却跳得厉害。第二天一早，南京航空公司的保君健跑到徐家，真的给陆小曼带来了噩耗。

尘缘未尽，斯人已去，小曼情何以堪！

人总是到失去才懂得了"珍惜"二字的分量，总是饱受切肤之痛后才能有所醒悟，这样的代价实在太大。

有多少爱，可以重来？但再悲再苦，接下来日子还要过。

1933 年清明，陆小曼获得徐申如默许，独自到硖石给徐志摩上坟。回来后，她作了一首诗：

> 肠断人琴感未消，此心久已寄云峤。
> 年来更识荒寒味，写到湖山总寂寥。

在诗作的后面，小曼写道："癸酉清明回硖扫墓，心有所感，因提此博伯父大人一笑，侄媳敬赠。"伯父大人，指的是徐志摩大伯徐蓉初，可知小曼在扫墓期间，是见到了徐家亲人的，这是小曼最后一次回到硖石。

何为荒寒？何为寂寥？在此之前的陆小曼大概是不知道的，当她饱尝尘世沧桑，陆小曼才真正体悟个中真味。当一切渐渐归于平静，这种荒寒与寂寥，又是多么教人心颤。

一切仿佛浑然天成，促成了陆小曼的风华绝代。无论是北平还是上海，都留下了她的万种风情。

或许，她可以成为一名出色的交际家，或许，她可以成为一代名伶，或许，她也可以成为诗人，成为画家，成为小说家。正如徐志摩期待的那样，只要她努力，一定可以帮助徐志摩共同开创一番事业，在文学的圣坛上开出最明艳的两朵艺术之花。

可是，每个人都有自己的定数，陆小曼始终无缘做徐志摩的那个诗中的女郎，徐志摩最后也抱着遗憾离开，甚至连他们见的最后一面，也是伴着无休无止的吵闹。

一切如果能够重来，陆小曼一定不再是现在这个样子。可是时光不能倒流，这是她心中永远的伤痛。

徐志摩摔门出走后，陆小曼泪流满面，又是后悔，又是委屈，她自己也不知道自己怎么会变成这样。她走下烟榻，来到书房，给志摩写了一封道歉信：

> 我不知怎样写的那封信，我心里为难，我亦不管你受得受不得我，我糊里糊涂地写了那封信！我这才后悔呢！还来得及么？你骂我亦好，怨我亦该，我没有再

说话的权力了！你是不会怨我的，亦决不骂我，我知道的！可是我自己明了自己的错比你骂我还难受呢！我现在已经拿回那信了，你饶我吧！忘了那封被一时情感激出来的满无诚意的信吧！实在是因为我那天晚上叫娘哭得我心灰意懒的，仿佛我那时间犯了多大的罪似的，恨不得在上帝前洗了我的罪立刻死去。摩呀！你要是亦疑心我或是想我是个 Coquette（卖弄风情的女人），那我真是连死都没有清白的路呢。下午你走的时候我心里乱极了，你走了我的心如丢失，摩呀！

只可惜，她的摩再不会看到这封信了。命运如此无情，她连忏悔的机会都没有。徐志摩挥一挥衣袖，一去如云。

除了心理上的悲哀，陆小曼即将面对的，还有经济上的无助。徐志摩一死，陆小曼才知柴米油盐贵。

徐志摩在时，她有一花二，有二花三，因为她知道徐志摩总归是能给她挣得来。失去志摩让小曼悲痛欲绝，但残酷的现实根本不给她更多悲伤的时间，她眼下的第一要务就是如何过生活。

志摩在时，小曼一个月得 500 元才能维持庞大的家用，现在小曼虽尽量节减开支，但无进项却实在令人发愁，和之前的生活情境相比，小曼仿佛一下子掉进苦难的深渊。

对于志摩的遇难，志摩的生前好友大都认为小曼负很大责任，一直不能原谅小曼，并意欲断绝往来。对于社会上的责难，柔弱的小曼无力也无心辩解，但往后的生活怎么办？一些朋友认为小曼毕竟是徐家的未亡人，可以央求徐申如给一些月供。思前想后，小曼决定向胡适求助，希望他能找一下徐申如，帮助自己渡过难关。

　　胡适的声名正如日中天，只有请他出面，徐申如才能重视起来。为了能够完成今生那些未了的心愿，小曼必须坚强地活下去，她已经顾不上什么了，只能腼颜向胡适求援。在给胡适的信中，小曼说："……我以后的经济问题，全盼你同文伯（王文伯）两人帮助了。老太爷处如何说法，文伯也都与你说过了，我只盼你能早日来，文伯说你今天来信又有不管之意，我想你一定不能如斯地忍心，你爱志摩，你能忍心不管我么？我们虽然近两年来意见有些相左，可是你我之情岂能因细小的误会而有两样么？这是最要紧的事，你岂能不管呢？我怕你心肠不能如斯之忍吧！……先生，我，唉，我简直没有话可说了，只盼苍天眷顾大家，给我些勇气，让我能做完我这未了的心愿，不半途而死，那还是无以对我的爱摩。心碎而痛，我强忍悲痛，先生盼你救我一救吧！"

　　胡适知道徐申如对小曼恨之入骨，让自己向已经痛失爱子的老人开口，真的是勉为其难。可是，陆小曼的又一封信到了，胡适知道，忠厚的小曼不是迫不得已，是不会放下身段向人低头的。小曼在信中说道："……老太爷处等你来决定，盼你最后一次与我稍微卖一点力气，当初你一片心成全我们。谁又知道还有这样悲惨一幕剧在后头，你也真可算不幸了，更不用提我。回忆当初一片苦心，真叫人无一日可生，人生到此还说什么？……还有一事，大雨也少摩三百块钱，可否请你转告请他在年内给我，因为他在绸缎庄上拿的东西年底要算账的，我此时再没有钱来垫，不过听他也没有钱，不过比我终还好些。北大的钱（十二月份）你是带来么，要是过年没有还钱，我这两个月就没有法子过。咳，金钱太可恶了，他要不是为经济，许还不至于死，我真恨，恨一切，从此再没有我喜欢的东西了。我天天吃药养身，可是还是瘦无人样，本来心碎如何能补？”

陆小曼给胡适的信由委婉变恳求，最后变得悲观，这让胡适再也坐不住了，可是奈何徐申如就是不管。

胡适的回话让小曼非常失望。小曼真的绝望了，她给胡适写信道：

> 眼看年关就怕难过，叫我怎能不急，四面想法钱还是不够，新月穷得行中只有几千块钱，变卖首饰一时也无主，朋友穷的多，可是账又非还不可，你看如何？……最好你若有钱再给我多寄几百，我是到无法可想的时候才说此话的，向人借钱的事我是最做不来的，现在的日子是一天不如一天了，就是年过了，以后我如能过，二百五十元只够我吃药看病，请先生吃烟。
>
> 我早知老太爷一样也不管，我也不多事去念什么经了，虽然事属迷信，不过我总觉得一点不做十分对不着他，已经不能让我回去陪伴他的灵，我已是终身抱恨的了，我们几年相爱，到今天连灵前都不能去，叫我怎能不恨？真怨，老爷子真也太不讲人情了，他失去儿子有女儿相陪，可不想想我从今以后变了孤单人，又没有小孩子，有谁能陪伴于我？他太不与人设想了，也怪我的命运太蹇之故，怨作什么？忙了过年，又须立刻搬家，这屋子太大了，无福享受了，这些日心更烦，更瘦，前途一切都很黑，怕我单独打不出路来，怎好！

小曼真的没办法了，只有向胡适借钱，哪怕几百都可以，这对一向心高气傲的她来说是无法想象的。就这样情哀哀，意切切，百般地放低了身段去央求，胡适终于答应她了，亲自去见徐申如。胡适再次向徐申如说明利害关系，请他无论如何也要管管小曼。在胡适的说服下，徐申如勉强答应在陆小曼未再嫁人之前，每月供给三百元作为家用，小曼的生活终于暂时有了着落。

　　1932 年初，小曼迁至延安中路福煦坊的一处小房子里，她再也支撑不起那么大的场面了。

编就遗文答君心

1932 年，海宁硖石召开徐志摩追悼会，徐申如不让陆小曼参加，陆小曼只能奉一副挽联：

多少前尘成噩梦，五载哀欢，匆匆永诀，天道复奚论，欲死未能因母老；

万千别恨向谁言，一身愁病，渺渺离魂，人间应不久，遗文编就答君心。

志摩不在了，陆小曼痛不欲生，她之所以忍住伤悲，顶着非议苟活于世，是因为她还有着未了的心愿。

其一，年迈的母亲还在，她要尽人子之孝。父亲陆定已先于志摩一年去世，她自己若再死了，母亲老来丧夫丧女，必定没有办法继续生活，这是她不愿意看到的。

其二，志摩走得太过突然，她要为他整理遗文，有生之年，这是她最大的心愿，她必须坚强地活下去，努力让自己成为徐志摩生前期待的样子，聊以安慰他那一缕游荡不居的灵魂。

物是人非，睹物思人，陆小曼当时的心情可想而知。除了心里的悲苦，当她真正着手整理志摩生前留下的文字时，发现这竟是一项难度如此大的工作。

她向徐志摩的朋友们征求他们手上留存的徐志摩的文字，只有刘海粟、蒋慰堂、郭有守、郭子通愿意交给她，其他的人根本就不予理会。时隔一年，对于徐志摩的死，他们还不能够原谅她。对于他人的不理解，无奈的陆小曼也只能自我安慰："即使应当交出信函的许多老友都不来（主要指胡适和北方的朋友），我自己收藏的部分也为数不少，凑成一卷没有问题，虽然其中有些信，我实在不愿公开发表。另外有一部分志摩从国外寄回来的信，如能译成中文，也可凑出二三十封。"

陆小曼知道徐志摩留存在凌叔华处的"八宝箱"，于是向胡适写信索求："志摩还有信、日记在京，请你带来，不要随便予人看，等我看过再发表，我想他的信、日记，以后由我自己编（他的一切信件与日记都在北平，盼带来），三个月内一定可以有两本出版，亦望你好好地帮我修改一下。淘美之意也是愿意他的东西一起由我自编，最好你能早来上海多待些日子，我们大家一起努力地做一下。我还想通知各好友处，如他的信愿意发表的，也寄给我，他的诗和散文如有，我看请你同他编一下，因为我一人怕来不及，我还想写一本关于我所知道的志摩的书，不过我近年于学识是荒废得可怕，我日内即好好地用一下死功，我也可借此将我的心用在别的上，不然我想怕半年也活不了……"

没有想到的是，陆小曼被拒绝了。就在她写信的前两天胡适已从凌叔华处将"八宝箱"交予了林徽因。

信的内容固然动人，然而她没有表现出与其心愿相符的能力。这么几年，她给大家看到的，只是颓废与奢靡，任性与荒唐。所以胡适给她的回信中，只说凭她一人之力，恐怕编不出像样的书。

她又继续写信给胡适，这一次态度和身段越放越低："……他的全部著作当然不能由我一人编，一个没有经验的我，也不敢负此重责，不过他的信同日记我想由我编（他的一切信件同我给他的日记都在北平，盼带来。）……还有他别的遗文等也盼你先给我看过再付印。我们的日记更盼不要随便给人家看。千万别忘。"

"林先生前天去北平，我托了他许多事情，件件要你帮帮忙。日记千万叫他带回来，那是我现在最宝爱的一件东西，离开了已有半年多，实在是天天想它了，请无论抄了没有先带了来再说。文伯说叔华等因徐志摩的日记闹得大家无趣，我因此很不放心我那一本。你为何老不带回我，也有别种原因？这一次求你一定赏还了我吧，让我夜静时也好看看，见字如见人。也好自己骗骗自己。你不要再使我失望了。"

这一次的诚恳总算求回徐志摩的两本和自己有关的日记，而至于别的书信、日记等，从此与她无缘。

陆小曼将徐志摩的文稿整理就绪后给胡适去信请他作序，不久胡适找到陆小曼，说商务印务馆愿意预支版税 2000 元，且商务印书馆又是影响力较大的出版社，于是陆小曼和商务印书馆就这样签了约。

当时光华大学的学生赵家璧在良友印刷厂兼职做编辑，找到陆小曼，要一张徐志摩的照片，放在徐志摩的遗作《秋》的扉页上。陆小曼希望赵家璧同自己一道整理手边有关徐志摩的遗稿、日记、书信，这个事件使赵家璧和良友公司格外地生气，毕竟在这之前他们都已经是定下合作意向的。当时陆小曼的生活也确实困难，这2000元对她而言绝对不是小数字。

赵家璧生气，去找胡适讲道理，胡适为了安抚他，把自己的作品《南游杂忆》给了他，5万字，其实撑不起一本正常书稿的容量，但是也没有办法，木已成舟。为了补偿赵家璧和良友公司，1936年徐志摩去世五周年之际，陆小曼在良友公司出版了《爱眉小札》，收录的是徐志摩与陆小曼热恋时的书信、日记。这是徐志摩和陆小曼两人相爱的心声，陆小曼在序中表达了她的心愿：

> 今天是志摩四十岁的纪念日……为了纪念这部日记的出版，我想趁今天写一篇序文，因为把我们两个人呕血写成的日记在今天出版，也许是比一切世俗的仪式要有价值、有意义得多。

其实，胡适提议将徐志摩的遗稿交由商务印书馆出版，这其中也有自己的考量，他觉得赵家璧是一个年轻编辑，新月派诗人的全集，怎么可以全权交由他来编辑？商务印书馆倒是好的，名气也大，底子也壮，要不然也不会一气预付2000大洋的稿费。

本以为故事会按照设定好的路线继续走下去，谁知道徐志摩的文稿就此踏上一条茫茫路，险些不归。

1937年全面抗战爆发，一切都乱了章法，良友破产，商务印书馆迁址，一切稿件都被胡乱摆放，至此徐志摩的文稿也不知道去了哪里。陆小曼叫天不应，叫地不灵，整理亡夫遗作是她这段时日最主要的精神寄托，如今却连这点念想也保不住了。她说："我怀着一颗沉重的心回到家里，前途一片渺茫，志摩的全集初度遭了厄运，我的心情也从此浸入了忧愁中。除了与病魔为伴，就是整天在烟云中过着暗灰色的生活。"

抗战结束后，陆小曼再去上海商务印书馆打听出书的事，竟是文稿都已遗失。陆小曼悔痛无及。

1947 年，徐志摩的朋友朱经农担任商务印书馆经理，经过多方整理打探后告诉陆小曼文稿现在香港。1949 年中华人民共和国成立，一切更是翻天覆地，陆小曼心灰意冷，想着从此徐志摩的文稿怕是再也无处寻觅。但她未想到时隔将近 20 年后，一切又都峰回路转，1954 年小曼接到北京商务印书馆的信，信中说《徐志摩全集》的文稿已经找到，却又因与时代潮流不合，故不能出版，稿子退回。失而复得的心情，真是笔墨无法形容。

之后又过了 3 年，1957 年 4 月，有出版社请卞之琳编《志摩诗选》，向陆小曼要徐志摩的照片和手迹。陆小曼高兴极了："今天我得到了诗选出版的消息！不但使我狂喜，志摩的灵魂一定更感快慰，从此他可以安心地长眠于地下了。诗集能出版，慢慢地，散文、小说等，一定也可以一本本地出版了。"

事情果然就这样按陆小曼说的发展下去。1965 年陆小曼病逝，遗有《志摩全集》的纸型由其侄女陆宗麟交给陈从周先生。1969 年梁实秋在台湾编《志摩全集》，虽名为全集实则不全。后又几经辗转。1983 年香港商务印书馆出《徐志摩全集》五卷本。当年沈从文先生所作的序文如下：

　　一九八二年冬天，商务印书馆香港分馆李祖泽先生告诉我，徐志摩先生的全集，将于一九八三年第一二季度付印出版，我是徐先生相熟至今还健在的少数人之一，希望我能写个小文，作为纪念。李先生还告诉我，这个全集抗日战争前就已编成待印，虽算不得最完备的底本，却是个最早结集的底本。并且每个篇章，都经过徐夫人陆小曼女士生前一一过目，亲自核校，得到赵家璧先生协助补充校订完成的。我觉得这是件十分有意义的工作，也是志摩国内外至今还活着的亲友和对志摩作品始终充满好感的读者一种共同的心愿。

　　志摩先生于二十年代初从事创作活动，前后仅仅十年，不幸早逝，死时还只三十六岁。在这短短的时间中，写成的散文和诗歌，在广大读者间所取得的成就，做出的贡献十分显著。

　　志摩先生的作品，当时印行本来就不多，在近半个世纪社会动荡形成那种长久不息的大旋风中，所有作品不仅早已消失殆尽，他的姓名，也默默无闻几乎为人们忘却多年了。这是为什么？原来在一些人和新文学史家的书籍评论中，留给人们的印象是：此人政治上十分反动，虽有相当才华，但终究是个腐朽的资产阶级代言人，一个公子哥儿，如是而已。

　　关于这位早死的诗人在文学创作方面的功过得失，目前已有人在搜集资料准备对他做认真的研究，相信终会得出实事求是、比较公平的结论。我要说的是他的为人。

他为人胸怀坦荡，毫无机心。一团火一样热的心，且特具感染力，影响到不少当时年纪较轻的朋友熟人，我就是其中之一。他那种平等待人的态度，那种勤奋忘我、永不自满的精神，给我的影响尤深。所以我在一九三六年出版的《小说习作选集》代序中，就特别提到，我在创作上如果有点滴成就，那火种，是从这个不幸早逝的诗人手中接来的。

他为人平易家常，不仅不是什么公子哥儿，且无丝毫当时的洋学生习气。记得两次邀我到他福履坊吃饭，都是由后门进去，在灶橱间同车夫厨娘一道坐下吃饭的。他一面说笑，一面不住称赞雪里蕻烧豆腐比前不久招待泰戈尔那次的锅塌豆腐还透味好吃。志摩就是这样一个人。

一九八一年，四川人民出版社出了一本《徐志摩诗选》，国内已有人在对他作研究了；现在，这个最早的全集即将印行，这一切迹象，说明这样一个情况："一花独放"的局面行将结束，"双百"方针有了真正抬头和推行机会，我觉得是一件大好事情。志摩先生这个全集的出版，我深信在国内外都能得到重新肯定和认可，对于新一代散文诗歌爱好者，必将给以启发得到借鉴。因为这个不幸早死的诗人，他对新诗在发展过程中的卓越贡献，他的处理文字表达情感不同一般的风格，还具有十分鲜明的青春活力，并不因时间而褪色走样。作品持久存在，实理所当然。

第五章　为伊消得人憔悴｜227

任重道远，一波三折，从着手编辑到成书出版，《徐志摩全集》的问世，整整走过了半个多世纪，在我国近现代出版史上留下了富于传奇色彩的一页。至此，陆小曼的心愿终于得以完成，只可惜去世多年的她再也见不到了。

　　这是一份弥足珍贵的文化遗产，徐志摩那一缕游荡于云端之上的魂灵，也许可以得到些许安慰了吧。

第六章

道是无情却有情

翁瑞午：不离不弃长相守

　　翁瑞午，是陆小曼生命中的最后一次相遇，是她人生三次情感生活的又一次命运性的安排。

　　翁瑞午，字恩湛，吴江人，其父翁绶祺，字印若，是翁同龢的门生，官至广西梧州知府。翁同龢自己没有子嗣，加上吴门同宗的关系，就认翁绶祺为侄孙。

　　翁瑞午幼承庭训，从小接受正规的文人教育，随赵叔儒学书画，随况周仪学习诗文，不仅擅写一手漂亮的行书和小楷，也会唱京戏昆曲，深得梅兰芳赏识，更懂得鉴赏古玩花卉。

　　翁家在杭州拥有一座茶山，在上海拥有房产，翁瑞午家中还收藏着父亲留下的数不尽的字画古玩，件件价值连城。

　　翁瑞午身材高大，戴着一副黑边眼镜，身穿一袭蓝色长衫，风度翩翩，自有一种掩不住的风流。在上海的上流社会，翁瑞午是有名的阔少，他喜欢戏曲，便去戏院包场看戏、唱戏，也捧角；他喜欢绘画，就收集名家作品，供自己玩赏；他喜欢跳舞，就去夜总会、舞厅尽情地释放。他活得潇洒而自在，风流却不失绅士之风。

家财万贯的背景，体贴迷人的浪漫，儒雅温情的双眼，博古通今的学识，在民国那个新旧交替的乱世，在上海滩那些风花雪月的日子里，这样的男子的杀伤力可想而知。

懂得风情，又善于交际，在大上海莺歌燕舞的上流圈子里，翁瑞午和陆小曼相遇了。

从此，这个温文尔雅的男子走进了小曼的生活。他们有共同的爱好，一起听戏、唱戏，一起跳舞、打牌。翁瑞午从来不像徐志摩一样劝小曼不要做这个，不要做那个，他只是陪着她，静静地守着她，倾其所有，尽其所能。更不像王赓那样，一旦抱得美人归，却对她不闻不问，只守着一段无味无趣的婚姻，只求夫贵妻荣、夫唱妇随。

许多人都说，陆小曼与徐志摩结合，就是个错误，而她与翁瑞午才是最合适的。只是相遇在错的时间。徐志摩想要的是灵魂的伴侣，是一个有着高雅品位，能与他品诗论文的女子。陆小曼虽有灵性，可在个人作态上，却散漫倦怠、娇宠随性。他们因此争吵不休，把苦苦争得的一份心仪爱情经营得一塌糊涂。

翁瑞午就不一样了，在小曼面前，翁瑞午永远是一副谦卑恭维的样子，为了她，他什么都依着她。翁瑞午最常说的是4个字："我来我来！"也就是这4个字，赢得了陆小曼的欢心。

仿佛某种注定的宿命，他陪了她整整33年，如影随形，不离不弃。较之于之前的两段情感经历，陆小曼这一段漫长的人生境遇，似乎来得更稳健和持久，更默契和认真。

翁瑞午诗文出口成章，和张大千、赵眠云、江小鹣等人交情深厚，是民国年间上海滩著名的文人公子，被胡适戏称为"自负风雅的俗子"。他又受业于名医丁凤山，得其真传。他向丁先生学推拿，下过苦功，面前摆一叠砖，一掌击下，可教其中所预定的某块碎掉，而上下诸砖都保持完整。据说，练就此功后，他在推拿时运用体内之气时，有独到的效果，往往手到病除。他十八岁时即享盛誉，广施医药，无论贫富，尤为时人所称道。陆小曼不又是个有名的美女，也是一个"无小半天好受"的病女，哮喘和胃痛发作时呼天抢地，徐志摩为她遍访名医而不治。直到经雕塑家江小鹣介绍，翁瑞午出手推拿诊治，陆小曼满身病痛大大好转。病痛缓和后，陆小曼的脾气也好起来了，为此徐志摩十分感谢翁瑞午，他俩交往也很投机。陆小曼的病瘅三天两头地复发，要依靠翁瑞午的推拿绝技，翁瑞午成为陆小曼生活中不可或缺的一部分，她对他产生了一种深深的依赖。后来，当别人说闲话时，翁瑞午曾理直气壮地说："我到这里，是志摩请来的！"

徐志摩、陆小曼同翁瑞午的交游，还在于对戏曲的共同爱好。翁瑞午的京剧和昆曲是延请名师教的，他攻旦角，可是个子比较大，为了弥补这个缺陷，便采取程砚秋的办法，屈腿衬身走台步，平时以双膝间夹铜板走圆场，苦练经年，可见他把对京昆艺术的钻研很当一回事。翁瑞午扮相好，唱做俱佳，票戏的声名并不亚于他的医名。徐志摩曾同陆小曼合演过《牡丹亭》中的《春香闹学》一折，由陆小曼扮演鲜灵活泼的春香，徐志摩扮演迂夫子陈最良。最有趣的是，陆小曼、翁瑞午、徐志摩和江小鹣四人上台合演过一次《三堂会审》，由陆小曼演主角玉堂春，翁瑞午反串小生演王金龙，

第六章　道是无情却有情 | 233

剧中红袍和蓝袍两角则由徐志摩和江小鹣分饰。

徐志摩和陆小曼家里开销大，养着佣人、厨师、车夫共十几个家仆，靠徐志摩一个人的收入，难以维持门面和排场。翁瑞午对他们时有资助，为此不惜变卖家藏的字画。徐志摩第二次赴欧洲之前，翁瑞午送他一批古董，让他到那里去出售。1931年徐志摩经南京回北平，赶去参加林徽因的演讲会，行前在沪与翁瑞午恳切交谈，再次要求他好好照顾陆小曼，翁瑞午郑重地承诺了，岂料这次托付竟成永诀。徐志摩乘坐的飞机失事后，翁瑞午闻讯星夜兼程，赶到空难现场，为他收尸，料理后事，其悲戚之情，溢于言表。

陆小曼抽鸦片是翁瑞午的建议。在当时的医生眼里，鸦片（不是今天的海洛因之类）也是一种药品，有镇痛作用，根据陆小曼的病情，翁瑞午建议她适当用一点。陆小曼曾向王映霞解释过自己抽鸦片的缘由："我是'多愁善病'的人，患有心脏病和严重的神经衰弱，一天总有小半天或大半天不舒服，不是这里痛，就是那里痒，有时竟会昏迷过去，不省人事……喝人参汤没有用，吃补品也没有用。瑞午劝我吸几口鸦片烟，说来真神奇，吸上几口就精神抖擞，百病全消。"就这样陆小曼抽上了鸦片。

对于翁瑞午同陆小曼非同一般的关系，外界非议再起，一时闹得满城风雨。面对绯闻和传言，徐志摩表现得很坦然。对于翁瑞午替陆小曼推拿按摩，徐志摩说："这是医病，没有什么嫌可避的。"对于陆小曼与翁瑞午相对吸食鸦片，他又说："男女的情爱，既有分别，丈夫绝对不许禁止妻子交朋友，何况芙蓉软榻，看似接近，只能谈情，不能做爱。所以男女之间，最规矩、最清白的是烟榻，最暧昧、最嘈杂的是打牌。"所以徐志摩不乐意陆小曼打麻将，而不反对陆小曼吸鸦片。

1927年12月17日，上海一份名叫《福尔摩斯》的小报刊登了一篇名为《伍大姐按摩得腻友》的文章，文章影射了有关三人的绯闻，伍大姐实际指的就是陆小曼，文章中的另外两人余心麻和洪祥甲实际指的就是徐志摩和翁瑞午。为此，徐志摩把报社告上了法庭。这件事情最后以报社公开赔礼道歉结束，但是关于陆小曼与翁瑞午的绯闻让徐志摩很是难堪。

无论怎样，翁瑞午已经进入陆小曼的生活，并且将陪伴她后半生。他不奢求可以从徐志摩身边夺走陆小曼，更不奢求陆小曼可以爱上他，他只是默默地守在她的身边，照顾她，守护她。他的爱，不卑不亢，默默地滋长，岁月静好中，他只求心安。

无论怎样，陆小曼依然没有理会那些刻意的中伤和指责，她与翁瑞午的交往一如往日，生活依旧在继续，直到徐志摩出事的那一刻。

徐志摩去世后，小曼伤心欲绝，从此素服终生，不去舞厅，不去戏院，不去社交，只是在家写字、看书、作画、吸鸦片。

她身体情况一日不如一日，牙齿渐落，脸色泛青，头发蓬乱。她不理会，只是埋头在那些工作中，守着对志摩的那一份承诺。

而翁瑞午也守着她，然后相濡以沫，厮守终生。

仿佛命中注定的劫，也仿佛命中注定的幸。

徐志摩遇难后，经胡适努力争取，徐家答应每个月付给陆小曼300元的生活补助。这300元在那个时候算得上是一大笔钱了，足以供一家老小十口人的吃喝，足够她一人的开销。可是不久，徐申如又来信说，让陆小曼离开翁瑞午，否则将不再每月汇那300元了。这是最后的通牒，何去何从，让她选择。

面对徐申如的来信，陆小曼没有丝毫的犹豫。她不能因为300元的生活费，离开这个爱着她、守着她、护着她的男子。

那时，陆小曼同翁瑞午并没有同居，陆小曼住三楼，翁瑞午要照顾小曼的身体，为了方便，有时便住在一楼。翁瑞午看了那封信，十分生气，索性搬到了楼上同小曼一个房间，但分居两张床。他回绝徐申如，以后不用再汇钱来了，陆小曼的生活费他一力承担。从此，翁瑞午几乎是全盘照料起陆小曼的生活。

翁瑞午家有贤妻陈明榴和五个子女，在养家糊口的同时，如此不间断地供养开销甚大的陆小曼，经济负担很重。翁瑞午后来家道中落，生活也十分拮据，几乎卖光了家传的所有字画和古董。

翁瑞午似乎也走上了王赓、徐志摩之前的旧路，但他精神乐观，即使再累，也不忘回到陆小曼身旁。

小曼还是一如既往地坚持，她深爱志摩，不会再婚，她深深感谢瑞午，选择了不离不弃。陆小曼就是这样的奇女子，多年前，为追求真爱，她付出多少勇气和努力，才得到了她想要的幸福；今天，她仍然如此，绝不会忘恩负义，离翁瑞午而去。即使是在1955年翁瑞午犯了错误，很多朋友怕小曼受到牵连劝他们分手，小曼也岿然不动，她只说，我问心无愧。

不要名分，不顾流言，一如以往，陆小曼一生忠实于真心的呼唤。

面对他们之间的亲密关系，翁瑞午的长女翁香光曾冲到陆小曼家，对着父亲吼叫道："你为什么不早点与妈妈离婚？如果早离婚的话，她还可以找个好人，过上几年的舒心日子！"接着又哽咽地对陆小曼说："你为什么抓住我父亲不放？"

面对翁香光的责问，两人什么也没说，只是默默地流泪。

徐志摩逝世七年后，他们同居了。陆小曼后来向好友王亦令说：

"我与翁最初绝无苟且瓜葛，后来志摩坠机死，我伤心至极，身体大坏。尽管却有许多追求者，也有许多人劝我改嫁，我都不愿，就因我始终深爱志摩。但是由于旧病更甚，翁医治更频，他又作为老友劝慰，在我家常住不归，年长月久，遂委身矣。我向他约法三章：不许他抛弃发妻，我们不正式结婚。"

心地善良的陆小曼，考虑的是翁瑞午的妻子陈明榴，她是旧式女人，如果离了婚，肯定没有出路。直到 1953 年陈明榴去世后，他们才正式结为夫妻，一段漂泊半生的情感也在形式上有了一个交代。

多年以后，陆小曼说她对翁瑞午"只有感情，没有爱情"。是的，她的爱情，都给了徐志摩。但她对待这一份感情，也绝不怠慢。这种超越友情、超越爱情、超越亲情的另一种情感，是她在心里对翁瑞午的最好安排。在 1959 年填写的档案表格上，陆小曼在家庭成员一栏正式写上了翁瑞午，从而清楚地表明了她的心迹。

1961 年，翁瑞午积劳成疾，久病不治，临终前，翁瑞午念念不忘的，还是陆小曼。那一晚，他抱拳拱手，对赵家璧和赵清阁嘱托道："我要走了，今后拜托两位多多关照陆小曼，我在九泉之下也会感激不尽的。"在生命的最后一息，他紧紧地握着小曼的手，流着泪说："我要走了，我舍不得你，好好活下去！"陆小曼再次锥心大恸。

无私无畏，无怨无悔，一丝不苟，整整 33 年的爱意陪伴！彼时的陆小曼已让鸦片噬空了身子，牙齿黢黑，脸浮肿苍白，一个美的残骸，仍为他手心里的宝，33 年不离不弃，可嗟可叹。

不求天长地久，只求曾经拥有。虽然还有太多的留恋和不舍，这个一直以来爱她护她的优雅男子，终于先她一步而去了。

小曼一袭白衣走进了翁瑞午的灵堂，就是受尽谩骂与委屈，她也要送这个与自己相守了 33 年的男人。葬礼上，翁家人接受了小曼，给她安慰，让她节哀，小曼在他灵前失声痛哭，久久不忍离开！

陆小曼后来成为上海中国画院的画师，她的学生王敬之曾经引用篆刻家陈巨来的话，如此评论翁瑞午："翁瑞午跟陆小曼的关系，却不能简单地责之以'朋友妻不可欺'，陆小曼从来不事生产，全赖翁一直是黑（烟）白（饭）供应无缺，在陆年老色衰之后翁仍侍奉不改，也不能不算是情义很重的了。"陈定山在他的《春申旧闻续篇》中写道："现代青年以为徐志摩是情圣，其实我以为做徐志摩易，做翁瑞午难。"

"问世间情为何物，直教人生死相许。"翁瑞午，不再是一个"自负风雅的俗子"，而是一个重情重义的真君子，他注定要成为陆小曼人生风景里浓墨重彩的一笔。

翁瑞午去世后，就由翁香光照顾陆小曼，一直到她去世。

王赓：曾经沧海难为水

离婚加入狱，1925 年，王赓注定流年不利。

从闪婚到离婚，王赓和陆小曼的婚姻生活仅仅存续了四年，远远没有达到所谓"七年之痒"的时候。短短的四年之中，两人聚少离多，争吵和冷战远远多于关心和陪伴。

抱得美人归的王赓，终于没有赢得佳人的芳心，初经人事的陆小曼，终于耐不住这种无趣无味的家庭生活。两人婚姻生活的变故，是错配了鸳鸯，还是缘分已尽？

离婚时，王赓对志摩说："若对不起小曼，我不会饶过你的。"一年后，小曼和志摩大婚，王赓收到喜帖，随即奉上贺礼，并写道：

苦尽甘来方知味，供小曼玩。受庆王赓。

苦尽甘来，王赓意欲何指？

是说自己终于走出了婚姻的围城，重获人生自由，还是说陆小曼挣脱了婚姻的枷锁，找到了心中的真爱？

无数事实证明，在人类神圣而世俗的婚姻爱情生活里，理想和现实永远有着不可预知的差距，无论婚姻还是爱情，千万不要随便触碰，稍有不慎，满盘皆输。王赓和陆小曼的结局即是明证。

而"供小曼玩"一语，则道出了陆小曼当年无拘无束、挥金如土的日常生活。

无论如何，两人从此解脱，各奔前程。

和陆小曼分手后，王赓当过孙传芳的五省联军总部参谋长，也当过北伐军第四集团军敌前炮兵司令、铁甲军司令，北伐成功后，他调任淮北做国民政府的盐务缉私局局长。1930年，宋子文组建税警总团，表面上的职责是打击抗税和漏税，实际是宋子文的私人军队，表面上说是一个团，其实是一个军的规模。该团直属财政部，只听宋子文调遣，各类配备一流，是中国当时最精锐的军队之一。西点军校出身、文武双全的王赓成了不二人选，被邀请担任总团长，并授予陆军中将军衔。但就是这个任命，改变了王赓后半生的命运。

同在上海，王赓忘不了小曼，但她已为人妇，王赓也无可奈何。小曼红杏枝头春意闹，王赓也只是从墙边远远望去的路人。志摩遇难后，小曼悲恸欲绝，又恨又悔，人生猛然跌至谷底。少数人安慰，多数人唾骂，在好事者眼里，志摩的死坐实了小曼是"红颜祸水"之说。身为前夫，王赓认为自己有责任安慰小曼。他前去探望，看见小曼卧床不起，屋内窗帘深垂，一片死寂。他赶忙拉开窗帘，对人说："房间搞得这么暗，不通气，没病的人也要生病。"他见小曼在昏睡，便没有打扰，坐了一会儿就走了。

1932年"一二八"事变时，王赓率税警总团在上海驻防，同第十九路军联合与日军对抗。1932年春节刚过，正月二十一日，王赓骑着一辆摩托车，穿过外白渡桥，入公共租界，不幸被捕。一并被查获的，据说还有王赓随身带着的一个装有军事地图的公文包。日本人扬言要以间谍罪将其枪决，后被美国领事保释放回。此事众说纷纭，有人说王赓是奉宋子文之命夜访驻上海的美国领事馆，有人说他是与前妻陆小曼幽会，以至于燕京大学教授邓之诚专门写了一首《后鸳湖曲》，发表于1932年3月12日的北平《新晨报》，讽刺王赓和陆小曼幽会丢失地图之事。关于此事，陆小曼1961年曾撰文澄清，王赓当时并不是去找她，而是去见美国驻沪领事馆的西点军校同学。也有一说是，王赓被抓后向日军献出地图，对淞沪之战产生了不好的影响。这些言论终不可考，但王赓因为"可疑"，被敌我双方反复审问，同时遭到社会舆论的谴责，几经拉锯，最终被判了两年零六个月的有期徒刑。此次被抓，是他仕途的终结，他又成了囚徒。

王赓对小曼，始终是旧情难忘，小曼的母亲也始终对王赓抱以好感，后来徐志摩坐飞机不幸撞山身亡，陆母本来还想教王赓与小曼再续旧弦，但也由于王赓身陷牢狱无奈作罢。又据说王赓也曾去陆小曼家提出过复婚，小曼伤心过度，委婉相拒，对于小曼而言，他就到此为止。再后来，就是翁瑞午的登堂入室，王赓始终是个局外人。当然，这么一个文武双全的人，自然不缺婚姻，朋友们要给王赓介绍新人以结连理，他总口吟那句"曾经沧海难为水，除却巫山不是云"以做推辞，表示自己无意为之。

两年多的牢狱生活，让他患上了严重的肾病。1935年，王赓因身体毁坏，出狱去德国治病，仕途就此跌落，一蹶不振，而他当年的副手，却青云直上，成为抗日名将。两年后，

青春鹦鹉杨柳楼台

观音（上方有金岳霖手书梵文《心经》）

小曼画作

劈山引水

人民公社

小曼画作

抗日战争爆发，王赓为国效力，远赴昆明任兵工署办事处处长，过着一种苦行僧的生活。因他有严重的心脏病和肾病，一日三餐不能食盐，只能由勤务兵单独开伙。据悉，后来他和一个年纪比他小许多的广东姑娘结了婚，生儿育女，从一个围城里走出来，进入另一座围城。

重新开始婚姻生活的王赓，依然没有太大的改变，作为丈夫，他还是那么端然古板，规矩威谨。有时间的时候，他还是捧着一本原版的德文书细细阅读。而新的王太太，则陪在他身边，不吵也不闹，静静地翻弄她的新衣服，不嫌无聊。他们不说话，一个在左，一个在右，默默相对，互不打扰。或许，这应该就是王赓曾经期待的景象，是他心中婚姻家庭的标准。丈夫，是忙于国事的丈夫；妻子，是专注家事的妻子。夫唱妇随，相敬如宾。或者，两人更像是搭伙过日子，各取所需，相安无事，大家都知道自己的位置。可是，一潭死水般的平静之中，他们快乐吗？蓦然回首，他是真的忘记了那个与他吵，与他闹，让他如此不省心的陆小曼吗？

后来，有人问起当年婚变一事，王赓答："爱情是人类最崇高的感情活动，它是纯洁而美好的，并不带有半点功利俗念，也不等于相爱必须占有。真正的爱情应以利他为目的，只讲无私奉献，不求索取。既爱其人，便以对方的幸福为幸福。我是爱陆小曼的，既然她认为和我离开后能觅得更充分的幸福，那么，我又何乐而不为？又何必为此耿耿于心呢？"

1942 年，政府派军事代表团去华盛顿参加同盟国联合军事会议。宋子文急招王赓入团，因为美国参谋长联席会议主席艾森豪威尔是王赓在西点军校的同学。王赓当时病情极重，但为了国家利益，还是毅然出访。谁知代表团行至开罗，王赓旧病复发，没出一月便身陨魂消，病逝在开罗皇家医院，终年四十七岁。其遗体被葬在开罗市郊英军公墓。王赓的母校普林斯顿大学在《王赓传略》中这样写：

> 1943 年纪念西点毕业生王赓的讣闻结束于这样一些话：王的一生是诚实、正直和爱国的。他给西点带来荣誉。1915 年的同窗就知道这是确实的，而且关于他还应有更多的事迹可以说。他确实是 1915 级可以引为骄傲的一员。

王赓去世的消息，四年后才传至国内。1946 年 5 月 18 日《快活林》第 16 期，登了篇文章《凶耗最近发表，陆小曼前夫王赓死了》。王赓死后，广东籍妻子改嫁，留一男孩，由时任西南联大教授的胞弟王序领回抚养。王序早年受哥哥照顾培养，一路读书求学，终有所成。

少年得志，情场失意；半世荣光，半世哀伤。

十几年里，王赓经历了失婚、仕途跌坠、生病，西点军校毕业生的光环也随着时光的流逝归于暗淡。王赓成为中国现代军事史上最令人感慨的遗珠，"陆小曼前夫"成为王赓一生最知名的"头衔"。流光易逝，荣华易老，多少年后，还有几人能记得王赓的诚实、正直与爱国，倒是他与小曼那一场轰轰烈烈的爱恨姻缘，经过历史的沉淀、人言的渲染，越发令人唏嘘。

天若有情天亦老，人间正道是沧桑。对于陆小曼，王赓也许不过是她生命里一个猝不及防的过客；而对于王赓，陆小曼却成了他今生永远的痛。

如是而已。

胡适：此情可待成追忆

同为"新月社"的创始人，胡适认识陆小曼应该早于徐志摩。当时有一种传闻，说最初是胡适看上了陆小曼，但由于无法跟妻子江冬秀离婚，这才将陆小曼让给了徐志摩。这种说法是否真实已不得而知，但胡适与陆小曼的关系的确有些不一般。

胡适与徐志摩聊天时，时常要谈到一位"王太太"，后来胡适向陆小曼引见了徐志摩，却无意间作了徐、陆二人的风月媒人。此后两人陷入热恋，一时非议四起，徐志摩为避流言，远赴欧洲，还托胡适照顾陆小曼。陆小曼一时孤苦无依，此时恰巧胡适与曹诚英的婚外恋情也暂告一段落，于是两人时常一同听戏、一起说话，交情不浅。

当陆小曼被婚姻和爱情困扰之际，1925年5月3日，胡适将歌德的一首诗写好后送给陆小曼："要是天公换了卿和我，该把这糊涂世界一齐都打破，再锻再炼再调和，好依着你我的安排，把世界重新改造过！"陆小曼回信也说："我还有时恨你能爱我而不能原谅我的苦衷。"

1925年的6月，陆小曼给胡适写过两封英文信，也很能说明问题。第一封内容如下："我最亲亲的朋友：这几天我很担心你。你真的不再来了吗？我希望不是，因为我知道我是不会依你的。我只希望你很快来看我。别太认真，人生苦短，及时行乐吧。你为什么不写信给我呢？我还在等着呢！而且你也没有给我电话。我今天不出去了，也许会接到你的电话。明天再给你写信。媚娘。"

第二封信的内容是："我最亲亲的朋友：我终于还是破戒写信给你了！已经整整五天没有见到你了，两天没有音信了……我现在多么希望能到你的身边，读些神话奇谈让你笑，让你大笑，忘掉这个邪恶的世界。你觉得如果我去看你的时候，她刚好在家会有问题吗？请让我知道！我不敢用中文写，因为我想用英文会比较安全。我的字还像男人写的吧？我想她看到这些又大又丑的字不会起疑心的。祝你飞快康复。你永远的玫瑰（Rose）媚娘（按：Rose 里的 'o' 是画作心的形状。）又：请不可取笑我的破英文，我可是匆匆写的哦。"

以上两封信都分别写于 1925 年的 6 月初和下旬，而且信的内容对胡适表达的那种相思牵挂的关切之情逐步加深。大凡有过感情经历的人一看就明白，陆小曼这两封信是写给热恋中的胡适的。

这一年的 8 月，胡适还曾给陆小曼做过一首《瓶花诗》：

> 不是怕风吹雨打，
>
> 不是羡烛照香熏，
>
> 只喜欢那折花的人，
>
> 高兴和伊亲近。
>
> 花瓣儿纷纷落了，

劳伊亲手收存，

寄给伊心上的人，

当一封没有字的书信。

这首诗很少收录在胡适的诗文集中，却很能代表他对陆小曼的亲近与赞赏，我们也能从中窥见民国时期一段才子佳人的佳话。

陆小曼想尽办法、小心翼翼地和胡适倾诉衷肠，自以为神不知、鬼不觉，而对胡适和陆小曼的郎情妾意，胡太太江冬秀早有耳闻。看到丈夫很热心地为徐志摩和陆小曼的事忙活，胡太太怒不可遏，认为丈夫是借做"媒婆"之名，趁机接近陆小曼和其眉来眼去。为此，胡适一天到晚没少挨太太的骂。

凭着女人的直觉，江冬秀觉察到了两人之间不同寻常的关系，对陆小曼一直心怀不满。有一天叶公超等新月派成员在胡家，胡太太又当着这些人的面骂胡适，骂新月派的这些人："你们都会写文章，我不会写文章，有一天我要把你们这些人的真实面目写出来，你们都是两个面目的人。"刚说到这儿，胡适从楼上走下来，对太太说："你又在乱说了。"胡太太说："有人听我乱说我就说。你还不是一天到晚乱说。大家看胡适之怎么样，我是看你一文不值……"

1926年志摩和小曼结婚时，胡适受邀担任男女双方介绍人，江冬秀坚决不允，经胡适委婉解释，始得放行，后因胡适要去英国伦敦有事临时取消。

后来胡适给江冬秀写信，谈到这件事："你自己也许不知道我临走那时的难过，为了我替志摩、小曼做媒的事，你已经吵了几回了。你为什么到了我临走的那天还要教训我？还要当了慰慈、孟禄的面给我不好过？你当了他们面前说，我要做这个媒，我到了结婚的台上，你拖都要把我拖下来。我听了这话，只装作没听见，我面不改色，把别的话岔开去。但我心里很不好过。我是知道你的脾气的；我是打定主意这回在家决不同你吵。但我这回出门，要走几万里路，当天就要走了，你不能忍一忍吗？为什么一定要叫我临出国还要带着这样不好过的印象呢？……有些事，你很明白；有些事，你绝不会明白。许多旁人的舌都不是真相。"

由以上信息可知，胡适对小曼的动情，应该也不是假的，只是他不敢轻举妄动，动就会"粉身碎骨"，因为胡适家里有个江冬秀。

胡适曾跟自己的原配夫人江冬秀提出离婚，江冬秀举刀相向："你要离婚可以，先杀了我和你的两个儿子！"自此，江冬秀成了传言中的河东狮，胡适成了怕老婆的典范。为此，胡适曾自嘲道："怕老婆的国度，将是更民主的国度。"

江冬秀虽然出了名的厉害，却也是贤妻，待胡适极为尽心，且孝敬婆婆，善待族中子弟。胡适对她又爱又怕，一力奉行"三从四德"：太太出门要跟从，太太命令要服从，太太说错话要盲从；太太化妆要等得，太太生日要记得，太太打骂要忍得，太太花钱要舍得。所以，想要胡适与陆小曼之间掀起大的波澜，也许不大可能，胡适这种想爱又不敢爱的感情，也不过一缕暗流。

因为，胡适不是徐志摩，不敢再往前走了。

胡适是个热心人，喜欢成人之美，是民国年间最为著名的"媒婆"。由于胡适的"媒婆"当得很卖力，也很成功，徐志摩和陆小曼携手走进了婚姻的殿堂。这样的事情不免颇具讽刺意味。原本是可以属于自己的缘分，却拱手让了人。胡适当时内心是否痛苦，我们不得而知。

几经努力，徐志摩与陆小曼终在一起，却不过几年又天人永隔。陆小曼又断断续续给胡适写过书信，在信中，小曼悲苦陈情：

……咳，先生！我希望你也给我些最后相助，我已受着天地间最厉害报罚，我愿意不要再受人们的责问，你也是知道我的一个人，我现在心里痛，也非笔墨所能形容的，一个心高气傲的我，现在打得心灰意懒的了。……文伯说你今天来信又有不管之意，我想你一定不能如斯地忍心，你爱志摩你能忍心不管我么？我们虽然近两年来意见有些相左，可是你我之情岂能因细小的误会而有两样么？

……先生，我同你两年来未曾有机会谈话，我这两年的环境可说坏到极点，不知者还许说我的不是，我当初本想让你永久地不明了，我还有时恨你能爱我——而不能原谅我的苦衷——与外人一样地来责罚我，可是我现在不能再让你误会下去了，等你来了可否让我细细地表一表？因为我以后在最寂寞的岁月愿有一二人能稍微给我些精神上的安慰。……心碎而痛，我强忍悲痛，先生盼你救我一救吧！

面对小曼的请求，胡适数次赴上海向徐申如求情，徐申如最终同意每月支出 300 元作为陆小曼的家用，解决了小曼的燃眉之急。

翁瑞午在照顾陆小曼这件事上可以说是尽心尽力，甚至卖自己收藏的名贵古董画来养活陆小曼，徐志摩过世7年后，陆小曼与翁瑞午住到了一起。

胡适知道这些事后，曾经恨铁不成钢地指责陆小曼："难道你这辈子就打算这样，和翁瑞午在大烟榻上过完此生？"陆小曼虽然有心，却不知道离开翁瑞午的接济后如何生活。胡适回答说："只要你离开翁瑞午，与他断绝关系，你的一切我包了。"然而陆小曼并没有听从，她离不开翁瑞午的照顾，更离不开日日吸食的大烟土，对胡适的安排予以婉拒。

抗战胜利后，胡适从美国回来任北京大学校长之职。在南京时，胡适向友人打听到小曼的近况，怜惜心起，便修书一封给小曼，提出三点建议："一、希望戒除嗜好；二、速与翁某某分开；三、从速来南京，安排新的生活。"

小曼沉湎于烟土已深，置之不复，与友人解释道："瑞午虽贫困已极时，始终照顾得无微不至，廿多年了，吾何能把他逐走耶？"自此之后，胡适与小曼再无联系。

旧情难忘，可见胡适对待小曼的一片苦心。但胡博士显然不是能让小曼奋不顾身的男人，他的周全，他的犹豫，他的圆滑与世故，都与小曼爱深恨切的一贯作风不匹配。在感情上，胡适大抵是有心无力。事实也的确证明他的几次罗曼史也都无疾而终，他依旧做回好老师、好丈夫、好父亲，唯独做不了好情人。

有人说，胡适的一生是太阳，身边却有三个月亮相伴，一为发妻江冬秀，二为美国女子韦莲司，三为曹诚英。其实除了"三个月亮"之外，陆小曼之于胡适，也是一颗璀璨明亮的星星。

胡适曾说，陆小曼是北京城不得不看的一道风景，确切地说，陆小曼更应该是胡适先生心中一道难以磨灭的风景。

"此情可待成追忆，只是当时已惘然。"无论如何，在陆小曼起起落落的人生历程里，胡先生的身影总是显得如此惹眼。

第七章

莫道桑榆晚

活成了他想要的样子

徐志摩不幸遇难后，陆小曼曾在文中写道：

> 随着日子往前走。这个世界上没有不带伤的人，无论什么时候，你都要相信，真正治愈自己的，只有自己。不去抱怨，尽量担待；不怕孤单，努力沉淀。

那个人不在了，她却安静下来了。

无论爱她还是恨她，几乎所有人都想不到的是，她换了一个人！

她从此闭门谢客，不再去社交场所，不再香艳风光。陈定山先生在《春申旧闻》中说："志摩去世后，她素服终身，从不见她去游宴场所一次。"王映霞也回忆说："他飞升以来，小曼素服终身，我从未见到她穿过一袭有红色的旗袍，而且闭门不出，谢绝一切比较阔气的宾客，也没有到舞厅去跳过一次舞……"没有奴颜，没有卑微，只有真性情，这就是陆小曼。

与君生死两茫茫，五年的欢歌，五年的愁苦，多少滋味只有他们自己知道，在爱中又哪有什么对与错、是与非？但为什么当斯人已去，才幡然悔悟？

徐志摩的突然离开，成了陆小曼一生永远无法抚平的痛。徐志摩去世后，陆小曼呈现了一个才女另一面的光辉，她还有另一段传奇，另一段人生，另一场华丽等待上演。

陆小曼天生丽质，只是没有朝这方面用功，这也是徐志摩生前的遗憾。画画与编志摩文集，是她后半生最重要的两件事。

时过境迁，往事如烟，别人早已各有际遇，只有她一直关心着徐志摩文集的出版，一遍遍跑出版社，希望又失望，努力却从不放弃，她希望用实际行动表达爱和思念。他去世后的三十四年中，她为他编了《云游》《爱眉小札》《志摩日记》《徐志摩诗选》《志摩全集》等书籍。

徐志摩直到出事的那天都在心心想着要教爱妻做自己的同路人，他哄着、劝着、骗着、半真半假地逼着，也要陆小曼拿起笔来写作。徐志摩出版诗集，想陆小曼给他写几句话为序，却从来没有成事过。在《云游》中陆小曼这样回忆道：

> 志摩不知逼我几次，要我同他写一点序，有两回他将笔墨都预备好，只叫随便涂几个字，可是我老是写不到几行，不是头晕即是心跳，只好对着他发愣，抬头望着他的嘴，盼他吐出圣旨来，我即可以立时停笔。那时间他也只得笑着对我说："好了，好了，太太我真拿你没有办法，去耽着吧！回头又要头痛了。"走过来掷去了我的笔，扶了我就此耽下了，再也不想接续下去。我只能默默然地无以相对，他也只得对我干笑，几次的张罗结果终成泡影。

徐志摩还活着的时候，陆小曼基本上不看他的诗，偶尔看一点也不会夸，倒是有时还要刻薄几句。甚至就连徐志摩的散文，也要经陆小曼的法眼，她若是说"这篇不大好"，徐志摩就不拿去发表。徐志摩对陆小曼的"刻薄"是欢迎的，他并不傻，晓得在外面听到的多是赞美的话、恭维的话。所以他说："我非但不怪你，还爱你能时常鞭策，我不要容我有半点的'臭美'，因为只有你肯说实话，别人老是一味恭维。"也许因为这样，徐志摩留给后人的诗篇和文章见证了他作为诗人的伟大和才华。

每当伏案作文之时，徐志摩总不爱用自己的书桌，而是要用陆小曼又小又乱的书桌，还说那里有灵感。陆小曼天生不会做家事，小小的书桌不晓得怎么搞得，被她随手一丢，随便一放，即使被整理得清清爽爽，一会儿也会弄得乱七八糟，偏偏徐志摩的怪癖是爱在闹市中与凌乱书桌上写作。可惜的是他写完撂下去睡觉，常常不予整理，及至次日早晨他才发现早已被佣人当废纸收走了，或是被陆小曼随手拿来当废纸擦东西了。对于文章的丢失，诗人气质的徐志摩倒也大方，也不十分上心，找不到也就找不到，也许日后可以有更好的发挥。当然这就是诗人气质的绝佳体现。

如今大家看到的徐志摩的诗集，很多都是他当时送陆小曼的。1927年8月，徐志摩出版新书《巴黎的鳞爪》，序言就是写给小曼的，名为《你是我字业上的净友》；9月出的诗集《翡冷翠的一夜》，没有序言，代序的是《给小曼》："如其送礼不放过期到一年的话，陆小曼，请你收受这一集诗，算是纪念我俩结婚的一份小礼。"他也只能以这样的方式来把陆小曼拉进自己的文字王国，拉近与妻子之间的距离。若依照他的原意，本来是想要请陆小曼替自己的新书作序的，可是恳求半天，塞笔在她手里，她怔上半天，脑子里空空如也，徐志摩只好苦笑着拿掉她手里的笔，送她去睡觉。

故事总会向着戏剧化的方向发展，徐志摩身故后，陆小曼也许因为被满腔愁思逼迫开始提笔抒怀，《哭摩》是她散文创作的顶点。文章里的悔与痛饱满得像吃饱眼泪的海绵，在纸上淋淋漓漓，滴滴点点。此后她也创作了一些篇章，也是非到迫不得已不肯动笔，一旦动笔，满纸风云。读她的文章，不必鉴赏篇章的谋划或是字句的锤炼，却倒可以窥视到那个大时代的一个大体的印象。这和她的广闻博识分不开，出身文化之家的她，自来有种大气象。

1947 年夏天，她接受赵清阁的约稿，创作一部约两万字的小说《皇家饭店》（原名《女儿劫》）。小曼明白赵清阁在用逼迫她写小说的方式，让她赖以活下去。几将濒绝的文笔才气，那是她继续活下去必须抓住的唯一"救命稻草"。诗人生前，懒散奢靡的小曼很少动笔；诗人死后，她决心努力成为徐志摩希望的那种女性。

创作过程中，因为难耐的酷热，因为气喘病痛，因为鸦片烟瘾，小曼几欲中断。她必须咬牙逼自己一把，如她自己所说："今夏酷热，甚于往年，常人都汗出如浆，我反关窗闭户，僵卧床中，气喘身热，汗如雨下，日夜无停时，真是苦不堪言。本拟南京归来即将余稿写完奉上，不想忽发喘病，每日只能坐卧，无力握笔，不知再等两星期可否？我不敢道歉，我愿受责。"

赵清阁硬是逼出了陆小曼创作的第一部小说，当然也是唯一一部。小曼用她曾经熟识的经历，再现了沦陷时期旧上海十里洋场繁华背后的真实场景。赵清阁格外偏爱《皇家饭店》，她赞扬《皇家饭店》："描写细腻，技巧新颖，读之令人恍入其境，且富有戏剧意味。"

晚年，陆小曼与王亦令合作翻译《泰戈尔短篇小说集》，还译了艾米丽·勃朗特的自传体小说《艾格妮丝·格雷》，并编写通俗故事《西门豹治河》。

小曼不同于常人，她是"从无半天完全舒服"的一个病人，是缠绵烟榻的瘾君子，她曾自言一吸鸦片，百痛全消；她是丧夫守寡的畸零人，心里孤清，需要沉入麻醉的幻梦，可是这样的一个人竟然把毒戒了。

她有 100 条理由继续沉沦，却没有继续沉沦。

陆小曼自幼习学书画，婚后，徐志摩教她拜山水画家贺天健为师，且与老师对小曼约法三章：老师上门，杂事丢开；专心学画，学要有成；每课五十大洋，中途不得辍学。每课五十大洋的代价，徐志摩如此不惜血本，当然不是为钱，而是为了督促她把画画当成正经事来对待。

少时的陆小曼练习书画不过是一种茶余饭后的消遣，作为提升名媛身份的资本而已。徐志摩生前要陆小曼向上，陆小曼拖着不肯，只颓废度日。如今斯人已逝，陆小曼竟然重拾先夫遗愿，痛下决心，除去编书，也重新认真学画了。

当年那个名震南北的交际名媛，现在开始深居简出，社交圈已经变成当时的画家名流，如吴湖帆、钱瘦铁、孙雪泥、应野平等人，相互交流，彼此切磋，铢积寸累。她选择寄情山水，努力作画，她曾自述道："我爱大自然，但我无法旅游

（因病），因此我愿意陶醉在丹青的河山风景中。"

几年的努力和积累，她的画艺一日千里，取得了很大的进步，她转身成为才华横溢的女子。钱瘦铁先生曾经为陆小曼的一本画册题了"烟霞供养"的字样，并写下评语："甲戌嘉平之月，读小曼此册，神韵满纸，文人慧业，信有然也。"陆小曼恩师贺天健对她的进步也十分惊诧，写道："小曼天资超逸，此册实为其最精之作，读竟欣然。"

1941 年，陆小曼在上海大新公司楼上开了个人画展，展出 100 多幅画，多取材山水花鸟，技艺很是精湛，受到参观者的好评。

1949 年，陆小曼的画入选全国美术展；1955 年，再入全国美术展；1957 年，她参加了美术家协会；1958 年，加入上海美协，且为上海中国画院专职画师；1959 年，被全国美协评为"三八红旗手"；1964 年，她投入精力，专心为成都的杜甫草堂画四幅条屏山水。

她的山水花鸟画很是闻名，笔墨俊雅逸远，实为一颗干净单纯之心才能作；她的仕女图，面目沉静，举止婉约，衣褶流畅，无花，无鸟，无水，无山，大千世界只在眼内，只在心中。

2004 年，上海中国画院举办了"朝花夕拾——上海女画家作品回顾展"，8 位女画师中就有陆小曼。

不得不说，陆小曼是个奇人。

徐志摩的逝世并未让她消沉，她反而勇敢站了起来。她在《哭摩》里向志摩承诺："我一定做一个你一向希望我所能成为的那种人，我决心做人，我决心做一点认真的事业。"

应该说，她真的做到了。

由柔弱而坚强，由懒惰而勤奋，由奢靡而节俭，由外露而内敛。陆小曼在书画中成全了自己，也成全了她曾经的诺言。

"莫道桑榆晚，为霞尚满天。"陆小曼终于没有辜负自己，也没有辜负徐志摩一直以来的殷殷期待。

最是难得几知己

　　早年的陆小曼，周围可谓高朋满座，莺歌燕舞，有的慕名，有的慕才，有的慕色。徐志摩不幸遇难后，昔日许多朋友出于义愤，或怕落难的陆小曼连累自己，纷纷离她而去，但世事纷纭，真情自在，依然有人坚持站在了陆小曼的一边。

　　王亦令在《忆小曼》一文中说："凡是认识陆小曼的人，几乎异口同声称赞她宅心忠厚、待朋友热情、讲究义气。"甚至有人做出这样的评论："男人中有梅兰芳，女人中有陆小曼，都是人缘极好，只要见过其面的人，无不被其真诚相待所感动。她绝不虚情假意敷衍他人，而是出于一片赤子之心。"

　　在陆小曼人生的困苦时期，王亦令是给予她无私帮助的朋友之一。陆小曼后来虽然戒掉了鸦片，但医药费开销也很大，即使有了书画院的工资也往往入不敷出。王亦令是翻译方面的行家，于是他以陆小曼之名联系各个出版社商谈译书业务，但多数翻译工作都是由他完成，陆小曼以合作者的身份领取大部分工资。

　　刘海粟与陆小曼是同乡，她又师从其学画，在北京时还行过拜师礼，有师生之谊。大画家初见陆小曼即被惊艳，有人问他文艺界的才女有谁，他答：陆小曼。再问文化人中的美人是谁，他再答：陆小曼。又问近代女作家和女画家，心高气傲又命途多舛者是谁，他又答：陆小曼。他对她是又疼又怜。他全力玉成了徐、陆秦晋之好，为了使两人解脱相思之苦，他甚至在"功德林"宴请王赓，大摆鸿门宴。徐志摩去世，刘海粟没有远离陆小曼，陆小曼也知恩图报。1947 年，刘海粟办画展，陆小曼写有一篇《牡丹和绿叶》，其中写道：

> 望眼欲穿的刘大师画展在廿一日可以实现了，这是我们值得欣赏的一个画展。中国的画家能在同时中西画都画得好的，只有刘大师一人了。他开始是只偏重西画，他的西画不但是中国人所共赏，在欧洲也博得不少西洋画家的钦佩。我记得当年志摩还写过一篇很长的文章，讲欧洲画家们怎样认识与赞美刘大师的画呢！后来他回国后又尽心研究中国画，他私人收集了不少有名的古画，件件都是精品。

> 因为他有天赋的聪明，所以不久他就深得其中奥秘；画出来的画又古雅又浑厚，气魄逼人，自有一种说不出（的）伟大的味儿！我是一个后学，我不敢随便批评，乱讲好坏，好在自有公论。

> 我只感觉到一点，就是我们大师的为人，实在是在画家之中不可多得的人才；他不仅是关着门在家里死画，他同时还有外交家与政治家的才能，他对外能做人所不敢做的，能讲人所不敢讲的。

好友郁达夫也是个至情至性的人，他的婚姻观是"没有爱情的婚姻应该让它死亡"，他的爱情观是"青年男女间有了爱情的萌芽，就应该让它无拘无束地茁壮成长"，自然也就钦佩徐志摩和陆小曼这一对至情至性、敢作敢为的人。他评价陆小曼为"忠厚柔艳"。忠厚本是形容良善男人的心地，却用来形容陆小曼这个病弱女人，感觉奇特，若联系陆小曼的为人，却又十分精准，似乎找不到别的词来替换。而"柔艳"二字更有意味，用在陆小曼身上，也让人觉得贴切得不能替换。

郁达夫和徐志摩在杭州府中学时是同班同学，二人又是知己。当初徐志摩终于等到陆小曼与王赓离婚，当即兴奋得写信给郁达夫，郁达夫接信也兴奋异常，把信给太太王映霞看，拊掌说："有情人终成眷属，这是好事，这是大好之事！"王映霞笑他高兴得这个样子，好像他自己得了一个绝代佳人。

徐志摩飞机遇难，郁达夫得到消息后整个人变得木呆。夫人王映霞说："这件事情，应该怪小曼。志摩在北京大学教书，家却在上海，他平均每月总要在北平与上海之间奔波一次，是够苦了。"可郁达夫不肯偏怪陆小曼一人，只说："他们的事复杂得很，弄不清楚，专门怪小曼也失之过偏。我倒赞赏小曼母亲的话，说得比较公允，叫作'志摩害了小曼，小曼也害了志摩'。"难得他痛失挚友之时，还能替陆小曼说句公道话。

邵洵美是徐志摩的校友，他们二人同在剑桥读过书。彼时，邵洵美听说有个人和他长得像，徐志摩也听过有个人和他长得像，只是从未相见。一天二人碰见，相互端量，如同看另一个自己，同是深目高鼻，脸长而瘦。徐志摩觉得惊奇之余，向邵洵美招呼，说："弟弟，我找得你好苦啊！"之后，一见如故的两人成为挚友。

徐志摩婚后到上海，刚住进旅馆，邵洵美就带着太太来看望，陆小曼也说二人有点像。不光相貌像，气质也像，出身也像，兴趣爱好都像。他们就像弟兄，一起笑一起闹。

徐志摩空难，邵洵美落泪，说："志摩有结实的身体，有生龙活虎的精神，一下把他摔死，实在太惨。"又写《天上掉下一颗星》，说："这世界有寒凛的孤单，我怕，你不能忍受。"他去探望陆小曼，约她为徐志摩的译作《云游》写序，陆小曼开篇就是："洵美叫我写志摩《云游》的序……"称呼也亲昵，只是故人安在哉？

有一年逢陆小曼生日，邵洵美家中穷愁，但还是找出一颗白色寿山石的图章卖了，得十块钱请陆小曼吃生日饭。1958年，邵洵美因特务罪被捕，到1962年释放，陆小曼去看望，邵洵美高兴，陆小曼心酸。陆小曼去世，邵洵美为她写诗："有酒亦有菜，今日早关门；夜半虚前席，新鬼多故人。"

泰戈尔与徐志摩是朋友，爱屋及乌，也与陆小曼是忘年交，他们一见如故，是陆小曼口里的"老头子"。1929年，泰戈尔来上海，就住在徐家，三人对坐讲话到深夜。泰戈尔带二人去赴宴，介绍说陆小曼是他的儿媳。

泰戈尔离开时，三人都很是伤感。泰戈尔送徐志摩一幅自画像，一首孟加拉文的诗；送陆小曼一只用头发和金丝绞成的手镯、一张包书纸和一条印度风格的头巾。

1949年，泰戈尔的孙子给陆小曼写信，此时泰戈尔业已去世。他想向陆小曼要徐志摩的诗和散文，准备翻译成印度文。不巧的是，那时陆小曼正生病，家人没把信给她看，待隔年看到再作回复时，他已经从中国离开。

陈从周是徐志摩的姻亲，在《记徐志摩》中说："志摩父申如先生，是我妻蒋定的舅舅，又是我嫂嫂徐惠君的叔叔，我是由我嫂嫂抚育成人的。"算起来，陈从周是徐志摩的表妹夫。徐志摩去世，陈从周立志要为徐志摩作传。他编《徐志摩年谱》，前前后后十五六载，之后请赵景深作序，赵不肯写，后来陈从周自费出版了《徐志摩年谱》，为后人留下了珍贵史料。徐志摩离世后，他没有将徐志摩的死一味怪罪到陆小曼头上，而是常去探望她。

贺天健，中国现代著名国画家、书法家，画风豪放跌宕。陆小曼拜他为师，他也尽心竭力而教。贺天健要求陆小曼对真山真水要凝神，对古今中外的名画要静观，对自己的作品要细看。他还教陆小曼用棉花濡丹，点画桃花。贺天健给陆小曼的评价是："天分很高，就是不用功。"即便如此，陆小曼也成就斐然，此后她竟以书画养身，而陆小曼的这一切所得，不能不说与贺天健有着莫大的关系。

钱瘦铁，名崖，一字叔崖，号瘦铁，中国画会创始人之一，擅长中国画及书法、篆刻。山水画师法石涛，曾被誉为"江南三铁"（吴昌硕称"苦铁"、王冠山称"冰铁"）之一。他在办自己的画展的时候，还将陆小曼的画作一并展览，让陆小曼在画坛迅速扩大了知名度。且在陆小曼日后办个人画展时，他也台前幕后地帮着操持。

赵清阁，著名女作家、编辑家、画家，老舍的红颜知己，与陆小曼是有很深的友谊，曾经自言：

我与小曼结识五十余年，断续写过有关她的简介多篇；从做人作风，谈到她的文才艺术；有赞赏也有批评，我们是以诚相见、仁义相待的至交好友，因此成为莫逆知己。不像泛泛人海中有一种所谓"朋友"的人，表面上和你亲亲热热，暗地里却极尽中伤陷害之能，恨不得置你于死地！

　　赵清阁对陆小曼有着深深的怜惜和欣赏，她一直认为，埋没这样一位有才华的女子，是文艺界的大损失。两人相识后，她多次劝陆小曼要从过去走出来，开始新生活，自强自立，实现自己的价值。她对小曼说："冬天即将过去，春天就要到了，一切都将开始新兴。"赵清阁劝陆小曼戒鸦片烟，和赵家璧一同鼓励她写小说，她不忍这样一个有才情的女子就这样葬送在鸦片堆里。

　　赵清阁比陆小曼小十一岁，她肯听陆小曼说话，陆小曼就跟她诉苦，说编《志摩全集》有多难，并且道谢说："现在大概只有你会这样耐心地听我说话。"赵清阁劝她出去走走，她就果真出门。要不是赵清阁约稿，既病且弱、又懒又馋的陆小曼决计写不出了不起的《皇家饭店》。画上最后一个句号时，陆小曼高兴地说："我写完了，很累，可是我的心里好开心！"

　　在大家的鼓励下，她的丹青生涯也从没有间断，并很快扬名上海，其绘画作品屡屡被人抢购一空。陆小曼曾情不自禁地拉着赵清阁的手，感激地说："你让我看见了光明，你让我呼吸了新鲜空气。"

　　君子之交淡如水，患难之中见真情。暑日，她送赵清阁夏扇，扇面是自己手绘。寒日，她又送赵清阁自己手织的白绒线背心。1952年，陆小曼五十大寿，赵清阁送她一束墨菊和黄菊。1954年，赵清阁四十岁生日，陆小曼到贺。两人相交几十年，陆小曼处处听赵清阁的，唯有离开翁瑞午这件事，她没有依从。

赵家璧，中国出版家、作家、翻译家。赵家璧曾做过徐志摩的学生，徐志摩去世后，赵家璧陪陆小曼各方讨要、整理徐志摩的文稿，又助陆小曼出版《爱眉小札》和《志摩日记》。太平洋战争爆发，良友图书公司被查封，赵家璧怕被日本人迫害，不得已要去内地走避，临行前托陆小曼和翁瑞午照顾自己一家老小，陆小曼一口答应。在陆小曼晚年的岁月里，他依然视她为自己的师母、朋友，逢年过节不忘过去看望，每逢陆小曼有难，赵家璧总能及时赶到。

红尘滚滚，物是人非，清者自清，浊者自浊。人生有涯，情义无价，陆小曼有幸，有这些朋友在，她不孤独。正是在这些朋友的帮助和关心下，陆小曼逐渐走出了悲愁困苦的日子，重新找回了生活的情趣和人生的目标。

一直以来，陆小曼对军阀、政客尤其厌恶，在国民党统治时期，她对国民党的腐败统治更是反感。抗战期间，陆小曼没有离开过上海，也没有与敌伪来往。她坚持了一个正直、爱国的中国人立场。中华人民共和国成立后，陆小曼可谓获得了重生，得到了党和政府的关怀。年近半百的她决心抖擞精神，离开病榻，走出卧室，为国家、为人民做一些力所能及的事。

据说，毛泽东在上海视察时，听闻陆小曼身体不好，无力就医，说陆小曼也是文化界老人了嘛，20 年代是颇有名的，要适当安置。于是陆小曼就被安排到市政府参事室做参事。

1956 年，在上海美协举办的一次画展中，有陆小曼的一幅作品参加展出。有一次，陈毅去参观，看到画上署名"陆小曼"，就问身边的人："这画很好嘛！她的丈夫是不是徐志摩？徐志摩是我的老师。"得到肯定的回答后，陈毅诧异沉寂多年的陆小曼居然还在，并且画出如此出色的画；又问知陆小曼就住在上海，生活无着。陈毅就说："徐志摩是有名的诗人，陆小曼也是个才女，这样的文化老人应该予以照顾。"不久，陆小曼被安排为上海文史馆馆员，虽然是个虚职，但每月至少有几十块钱可拿，使她有了最低生活保障，也给了她鼓舞和信心。有一次陆小曼去市委大礼堂开会，被人关切询问她身体怎样，最近是否还在画画，陆小曼礼貌作答，事后她才知道那个人是陈毅。

人生总会有遗憾

岁月无情，美人迟暮。仿佛一转眼间，三十年的光阴过去，陆小曼已是60多岁的老人了。

1960年前后，陆小曼在上海善钟路散步，偶遇王映霞，于是约她去自己所住的四明村的家里坐坐。

阔别经年，彼此已然都不再年轻，王映霞说陆小曼比以前胖了些，但风韵犹存。陆小曼则对王映霞说：

"过去的一切好像做了一场噩梦，甜酸苦辣，样样味道都尝遍了。如今我已经戒掉了鸦片，不过母亲谢世了，翁瑞午另有新欢了，我又没有生儿育女，孤苦伶仃，形单影只，出门一个人，进门一个人，真是海一般深的凄凉和孤独，像你这样有儿有女有丈夫，多么幸福！如果志摩活到现在，该有多么美啊！"

1964年春，陆小曼开始用秀气的蝇头小楷笔录《矛盾论》全书，这是为了庆祝中华人民共和国成立十五周年而特别用心准备的献礼，但陆小曼的身体却越来越差。

到了10月份，她已经没有办法继续执笔写作了。身体一日不如一日，住进了上海华东医院接受治疗。

中秋节那天，赵清阁买了几个月饼给她，她的鼻孔内插着氧气管，憔悴不堪。她气喘吁吁地对赵清阁说："难为你想到我，今年我还能吃上月饼，恐怕明年就……"

赵清阁挑了一块豆沙馅儿的给她，她吃得有味，一会儿又低声说："我的日子不会多了！我是一个无牵无挂、家徒四壁的孤老，是解放救了我，否则我早死了，我感激共产党。"

这"无牵无挂、家徒四壁"八个字，反衬着她当初的日费百金、绮罗盈眸，想来令人心酸。

几天后，赵家璧也来看望，陆小曼对他说："如果不解放，我肯定活不到今天；如果志摩生前知道，我们的共产党是这样好，他也会和我一样相信的，可惜他死得太早了。"临别前，她又嘱咐赵家璧，如果有机会的话，帮着出版《志摩全集》。

陆小曼住院时，隔壁病房正好住着朋友兼老师刘海粟。两人在病房里碰到，真是感慨万千。他们聊起了已经遥远的往事，聊起了在地下已经30余年的志摩，聊起了当年的那些朋友。刘海粟说："小曼，能在这里重晤老友，也是前缘。"小曼感触地说："要不是毛主席关心，只怕我已不能在这里见到你了。"

步入隆冬，陆小曼已经憔悴不堪，人比黄花瘦，病情愈发严重，整个冬天，她都在病床上度过。勉强挨到1965年的暮春，她终日咳嗽不止，人益发消瘦，终于走到了生命的尽头。有一天，赵清阁又去看她，应野平也在座，她上气不接下气地说："我不会好了，人家说六十三是一个关口……最近我常常梦见志摩，我们快……快见面了！"

那年年月月日日，无时无刻不在想念，终于在今天可以去赴一场灵魂之约。她无数次地梦见徐志摩，那样清晰，她知道，他们马上就可以重逢了。

应野平安慰她说："别迷信！你太爱胡思乱想了。"过了一会儿，赵清阁询问道："有什么事要我替你做吗？"她断断续续地说："我……我希望在死后能和志摩合葬，你……能不能办到？"

为了安慰陆小曼，赵清阁紧握着她的手，强忍着酸楚，说一定办到。陆小曼笑着连连道谢，赵清阁的承诺使她受到了极大的鼓舞。

三十余年，生死两茫茫，她不再像当年那样风华绝代的容貌，此时的她是一个清瘦的老太太，眉眼凹陷下去，牙齿已经脱落，只是从她的眼神里还能窥见年轻时的倔强。

陆小曼隐忍三十余年，只是为了完成当年许下的诺言，做一个徐志摩希望的女子。她沉默后半生，也只为了能与徐志摩同葬。

临终前几天，陆小曼嘱咐堂侄女陆宗麟把梁启超为徐志摩写的一副长联以及她自己的那幅山水画长卷交给徐志摩的表妹夫陈从周先生，《徐志摩全集》纸样则给了徐志摩的堂嫂保管。后来陈从周将《徐志摩全集》的纸稿捐给北京图书馆，将陆小曼的山水画卷捐给浙江博物馆。1979 年，陈从周再见陆小曼的长卷，睹物思人，他在卷尾感慨而题：历劫之物，良足念也。

1965 年 4 月 3 日，一代才女、旷世美人陆小曼在上海华东医院过世，享年 63 岁。

难以想象半生风光的陆小曼，身后如此萧条。殡葬竟无新衣，只穿一件满是补丁旳旧棉袄。赵清阁目不忍睹，为她换上一套新的绸衣衫裤，方使其体面入殓。

在陆小曼灵堂上，只有一副挽联，跟徐志摩死时几十副挽联并列的壮观情形不可同日而语。这唯一的一副挽联，为王亦令撰稿、乐宜执笔：

> 推心唯赤诚，人世常留遗惠在；
>
> 出笔多高致，一生兰累烟云中。

如此赞语，王亦令也真的算懂她了。

她身后没有片瓦寸土，亦无子息，自然也没有人张罗安葬她的骨灰。她和徐志摩合葬的心愿，又因徐志摩的儿子徐积楷不允许而未能实现。

起初，陆小曼的骨灰一直寄存在某处，当时只有表妹吴锦约人一起去凭吊过。

后陆小曼的骨灰不幸遗失。直到 23 年后的 1988 年，由陆小曼的堂侄——台湾的陆宗出资，和陆小曼的另一个堂侄陆宗麒以及和陆小曼晚年密刃来往的堂侄女陆宗麟一起，在苏州东山华侨公墓建造了衣冠冢纪念墓。墓碑上书"先姑母陆小曼纪念墓"，墓碑上还有一张陆小曼年轻时的相片，脸上露着灿烂的笑容，旁边青松环绕。

至此，一代风华、一生坎坷、众说纷纭的陆小曼终于归于尘土。

在她的身后，只留下了一道风景。

同时修建的，还有陆小曼父亲陆定、母亲吴曼华的纪念墓，当年的娇娇女又回到了宠她爱她的父母身边。

不知是天意还是巧合，风光秀丽的苏州东山，恰与徐志摩初葬的地方同名。

前半生无拘无束，后半生无牵无挂，陆小曼唯一未了的心愿就是未能和徐志摩合葬。当年赵清阁等人受小曼之托，多年后仍未完成她的遗愿。在回忆陆小曼的文章中，赵清阁对此耿耿于怀：

> 1965 年的 4 月 2 日（注：应为 3 日），陆小曼默默地带着幽怨长眠了。她没有留下什么遗嘱，她最后一个心愿就是希望与志摩合葬，而这一心愿我也未能办到。我和她生前的老友张奚若、刘海粟商量，张奚若还向志摩的故乡浙江硖石文化局提出申请，据说徐志摩的家属——他与前妻张幼仪生的儿子——不同意。

如今，徐志摩的坟茔孤零零地杵在海宁西山；陆小曼的坟茔，冷清清地立在苏州东山，相隔千里之遥。他们的丰采和文采，豪情和柔情，都变作一抔黄土、满目蒿草了。

人生总会有遗憾，后人或许可以阻止他们死而同穴的愿望，但谁也无法阻止两个灵魂的互相吸引。期待在不久的将来，我们能够看到徐、陆合葬，有情人终成眷属，生死不离不弃。

《爱眉小札》序

今天是志摩 40 岁的纪念日子，虽然什么朋友亲戚都不见一个，但是我们两个人合写的日记却已送了最后的校样来了。《爱眉小札》初版 1936 年 1 月由上海良友图书公司出版，时值徐志摩 40 虚岁诞辰，其时徐志摩已去世四年多。本书以 1945 年 6 月再版为底本。为了纪念这部日记的出版，我想趁今天写一篇序文；因为把我们两个人呕血写成的日记在这个日子出版，也许是比一切世俗的仪式要有价值有意义得多。

提起这二部日记，就不由得想起当时摩对我说的几句话；他叫我"不要轻看了这两本小小的书，其中哪一字哪一句不是从我们热血里流出来约。将来我们年纪老了，可以把它放在一起发表，你不要怕羞，这种爱的吐露是人生不易轻得的！"为了尊重他生前的意见，终于在他去世后五年的今天，大胆地将它印在白纸上了，要不是他生前说过这种话，为了要消灭我自己的痛苦，我也许会永远不让它出版的。其实关于这本日记也有些天意在里边。说也奇怪，这两本日记本来是随时随地他都带在身旁的，每次出门，都是先把它们放在小提包里带了走，唯有这一次他匆促间把它忘掉了。看起来不该消灭的东西是永远不会消灭的，冥冥中也自有人在支配着。

关于我和他认识的经过，我觉得有在这里简单述说的必要，因为一则可以帮助读者在这二部日记和十数封通信之中，获得一些故事上的连贯性，二则也可以解除外界对我们俩结合之前和结合之后的种种误会。

在我们初次见面的时候（说来也十年多了），我是早已奉了父母之命媒妁之言同别人结婚了，虽然当时也痴长了十几岁的年龄，可是性灵的迷糊竟和稚童一般。婚后一年多才稍懂人事，明白两性的结合不是可以随便听凭别人安排的，在性情与思想上不能相谋而勉强结合是人世间最痛苦的一件事。当时因为家庭间不能得着安慰，我就改变了常态，埋没了自己的意志，葬身在热闹生活中去忘记我内心的痛苦。又因为我娇慢的天性不允许我吐露真情，于是直着脖子在人面前唱戏似地唱着，绝对不肯让一个人知道我是一个失意者，是一个不快乐的人。这样的生活一直到无意间认识了志摩，叫他那双放射神辉的眼睛照彻了我内心的肺腑，认明了我的隐痛，更用真挚的感情劝我不要再在骗人欺己中偷活，不要自己毁灭前程，他那种倾心相向的真情，才使我的生活转换了方向，而同时也就跌入了恋爱了。于是烦恼与痛苦，也跟着一起来。

为了家庭和社会都不谅解我和志摩的爱，经过几度的商酌，便决定让摩离开我到欧洲去作一个短时间的旅行；希望在这分离的期间，能从此忘却我——把这一段因缘暂时的告一个段落。这一种办法，当然是不得已的；所以我们虽然大家分别时讲好不通音信，终于我们都没有实行（他到欧洲去后寄来的信，一部分收在这部书里。）他临去时又要求我写一本当信写的日记，让他回国后看看我生活和思想的经过情形，我送了他上车后回到家里，我就遵命开始写作了。这几个月里的离情是痛在心头，恨在脑底的。究竟血肉之体敌不过日夜的摧残，所以不久我就病倒了。在我的日记的最后几天里，我是自认失败了，预备跟着命运去飘流，随着别人去支配；可是一到他回来，他伟大的人格又把我逃避的计划全部打破。

于是我们发现"幸福还不是不可能的"。可是那时的环境，还不容许我们随便谈话，所以摩就开始写他的《爱眉小札》，每天写好了就当信般地拿给我看，但是没有几天，为了母亲的关系，我又不得不到南方来了。在上海的几天我也碰到过摩几次，可惜连一次畅谈的机会都没有。这时期摩的苦闷是在意料之中的，读者看到《爱眉小札》的末几页，也要和他同感吧？

我在上海住了不久，我的计划居然在一个很好的机会中完全实现了，我离了婚就到北京来寻摩，但是一时竟找不到他。直到有一天在《晨报副刊》上看到他发表的《迎上前去》的文章，我才知道他做事的地方。而这篇文章中的忧郁悲愤，更使我看了迫不及待地去找他，要告诉他我恢复自由的好消息。那时他才明白了我，我也明白了他，我们不禁相视而笑了。

以后日子中我们的快乐就别提了。我们从此走入了天国，踏进了乐园。一年后在北京结婚，一同回到家乡，度了几个月神仙般的生活。过了不久因为兵灾搬到上海来，在上海受了几月的煎熬我就染上一身病，后来的几年中就无日不同药炉做伴，志摩也得不着半点的安慰，至今想来我是最对他不起的。好容易经过各种的医治，我才有了复原的希望，正预备全家再搬回北平重新造起一座乐园时，他就不幸出了意外的遭劫，乘着清风飞到云雾里去了。这一下完了他——也完了我。

写到这儿，我不觉要向上天质问为甚么我这一生是应该受这样的处罚的？是我犯了罪么？何以老天只薄我一个人呢？我们既然在那样困苦中争斗了出来，又为什么半途里转入了这样悲惨的结果呢？生离死别，幸喜我都尝着了。在日记中我尝过了生离的况味，那时我就疑惑死别不知更苦不？好！现在算是完备了。甜，酸，苦，辣，我都尝全了，也可算不枉这一世了。到如今我还有什么可留恋的呢？不死还等什么？这话是我现在常在我心头转的，不过有时我偏不信，我不信一死就能解除一切，我倒要等着再看老天还有什么更惨的事来加罚在我的身上？

完了，完了，一切都完了，现在还说什么？还想什么？要是事情转了方面，我变他，他变了我，那时也许读者能多读得些好的文章，多看到几首美丽的诗，我相信他的笔一定能写得比他心里所受的更沉痛些。只可惜现在偏留下了我，虽然手里一样拿着一支笔，它却再也写不出我回肠里是怎样的惨痛，心坎里是怎样的碎裂。空拿着它落泪，也急不出半分的话来，只觉得心里隐隐的生痛，手里阵阵的发颤。反正我现在所受的，只有我自己知道就是了。

最后几句话我要说的，就是要请读者原谅我那一本不成器的日记，实在是难以同摩放在一起出版的（因为我写的时候是绝对不预备出版的）。可是因为遵守他的遗志起见，也不能再顾到我的出丑了。好在人人知道我是不会写文章的，所留下的那几个字，也无非是我一时的感想而已，想着什么就写什么，大半都是事实，就这一点也许还可以换得一点原谅，不然我简直要羞死了。

陆小曼年谱

　　*1903 年（1 岁），农历九月十九子时生于上海南市孔家弄，籍贯常州。父亲陆定，母亲吴曼华。

　　*1908 年（6 岁），在上海上幼稚园。

　　*1909 年（7 岁），为了能够和先去北平工作的父亲团聚，母亲带着年幼的陆小曼从上海来到北京定居。

　　*1910 年（8 岁），就读于北京女子师范大学附属小学。

　　*1912 年（10 岁），就读于北京女中。

　　*1918 年（16 岁），入北京圣心学堂读书。

　　*1920 年（18 岁），因精通英文和法文，被北洋政府外交总长顾维钧聘用兼职担任外交翻译。

　　*1921 年（19 岁），开始名闻北京社交界。

　　*1922 年（20 岁），离开圣心学堂，与王赓结婚。

　　*1924 年（22 岁），陆小曼与徐志摩结识，并双双坠入情网。一时间舆论哗然，两人都承受着极大的压力。

　　年底翻译意大利戏剧《海市蜃楼》。

　　*1925 年（23 岁）

　　年初，与徐志摩进入热恋。

3 月，徐志摩辞去北京大学教授之职，远赴欧洲游历。

7 月，徐志摩接到陆小曼生病的电报，月底回到北京。

8 月，拜刘海粟为师学画。

年底，与王赓离婚。

*1926 年（24 岁）

8 月 14 日，陆小曼与徐志摩在北海公园订婚。

10 月 3 日，陆小曼与徐志摩在北海公园举行婚礼。梁启超证婚并致词，对其二人进行讽刺与批评。

10 月，陆小曼与徐志摩南下上海。

11 月，徐志摩辞去《晨报副刊》主编职务，离京南下，陆小曼随同共住在家乡硖石，并打算隐居在此。

12 月，因江浙战事，夫妇二人为避战乱，转上海定居。

*1927 年（25 岁）

几次搬迁，后定居上海福西路（今延安中路）四名村923 号。不久，陆小曼父母也来上海与他们同住。此后，陆小曼渐渐沉醉于大上海奢靡的生活，痴迷戏曲，并与翁瑞午相识。

3 月，与徐志摩回硖石扫墓，并与徐志摩、翁瑞午游西湖。

12 月 6 日，夫妇二人在上海夏令匹配克戏院同演《玉堂春——三堂会审》，陆小曼饰苏三，徐志摩饰红袍，翁瑞午饰王金龙，后受到《福尔摩斯小报》污蔑困扰，夫妻感情受到极大伤害。

*1928 年（26 岁）

6 月，徐志摩因不满陆小曼的颓废生活而出国旅游。

7月，与徐志摩合著的《卞昆冈》在《新月》上发表。

8月，陆小曼与徐志摩、叶恭绰共游西湖。

*1929年（27岁）

1月，参与中国女子书画会的成立筹备工作。

3月，接待泰戈尔。

6月，与翁瑞午等人游"西湖博览会"。

9月，徐志摩在南京中央大学谋得一职，在南京与上海之间来回奔波。

*1930年（28岁）

秋，为了彻底摆脱上海的颓废生活，徐志摩应胡适之邀，到北平任教，夫妇二人开始过两地分居的生活。期间，徐志摩多次劝陆小曼离开上海到北平，但都被拒绝。

*1931年（29岁）

从贺天健和陈半丁学画，从汪星伯学诗。

为了应付庞大的家庭开销，徐志摩只得为了生计辛苦奔波。

11月13日，徐志摩由北平抵沪，与陆小曼见面即发生争执，愤然离家。

18日，徐志摩乘早车到南京。

19日，为了能赶上林徽因当天晚上在北平协和医院小礼堂的演讲，徐志摩搭乘中国航空公司的邮政班机"济南号"启行。因飞机失事，遇难身亡。终年36岁。

徐志摩飞机失事，陆小曼悲痛欲绝，幡然悔悟，从此闭门谢客，潜心绘画。编撰《徐志摩全集》。

*1933年（31岁）

整理徐志摩的《眉轩琐语》，在《时代画报》第三卷第六期上发表。

*1934 年（32 岁）

清明，独自一人到硖石给徐志摩扫墓。

*1936 年（34 岁）

加入中国女子书画会。

*1938 年（36 岁）

开始与翁瑞午同居。

*1941 年（39 岁）

在上海大新公司举办个人画展。

*1946 年（44 岁）

听从好友赵清阁和赵家璧劝说，并承诺戒烟、戒酒、专心写作。

*1947 年（45 岁）

春，履行对好友的诺言，开始住院接受治疗，健康状况大有好转，随后去南京亲戚家中休养。在这期间，写完了将近两万字的小说《皇家饭店》。

*1949 年（47 岁）

以优异的绘画技艺和个人独特的风格入选了全国美术展，积攒了一定的人气。

*1955 年（53 岁）

作品再次入选全国美术展。

*1956 年（54 岁）

和王亦令合作，翻译了许多外国文学作品，像《泰戈尔短篇小说集》《艾格尼丝·格雪》等，后来还和王亦令合作编写了民间故事《河伯娶妇》。

4月，受到陈毅市长的关怀，被安排为上海文史馆馆员。

入农工民主党，担任上海徐汇区支部委员。

*1957年（55岁）

《河伯娶妇》在上海文化出版社出版。

*1958年（56岁）

成为上海中国画院专业画师，并加入上海美术家协会。

*1959年（57岁）

任上海市人民政府参事室参事。

被全国美协评为"三八红旗手"。

*1965年（63岁）

4月3日，在上海华东医院逝世。

小曼书法

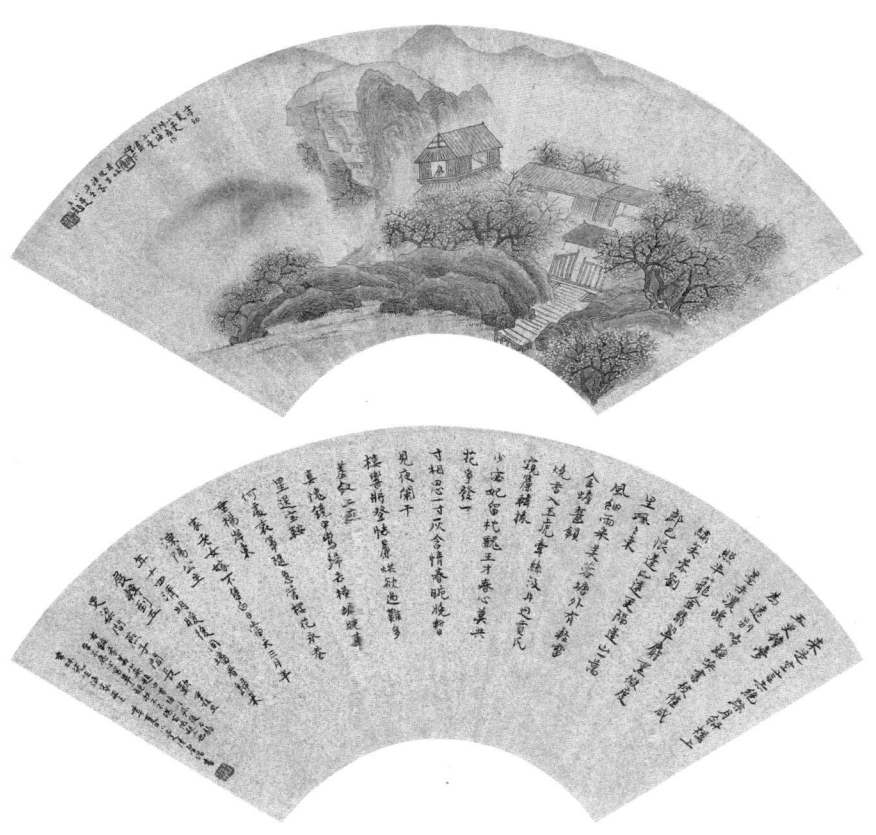

般若波羅蜜多心經

觀自在菩薩行深般若波羅蜜多
時照見五蘊皆空度一切苦厄舍
利子色不異空空不異色色即是
空空即是色受想行識亦復如是
舍利子是諸法空相不生不滅
不垢不淨不增不減是故空中
無色無受想行識無眼耳鼻舌身意無
色聲香味觸法無眼界乃至無意
識界無無明亦無無明盡乃至無
老死亦無老死盡無苦集滅道無
智亦無得以無所得故菩提薩埵依
般若波羅蜜多故心無罣礙無
罣礙故無有恐怖遠離顛倒夢想究
竟涅槃三世諸佛依般若波羅蜜
多故得阿耨多羅三藐三菩提故
知般若波羅蜜多是大神咒是大明
咒是無上咒是無等等咒能除一
切苦真實不虛故說般若波羅蜜
多咒即說咒曰揭諦揭諦波羅揭
諦波羅僧揭諦菩提薩婆訶

般若波羅蜜多心經

歲次壬辰秋暮於海上受廬
小曼陸眉沐手敬書

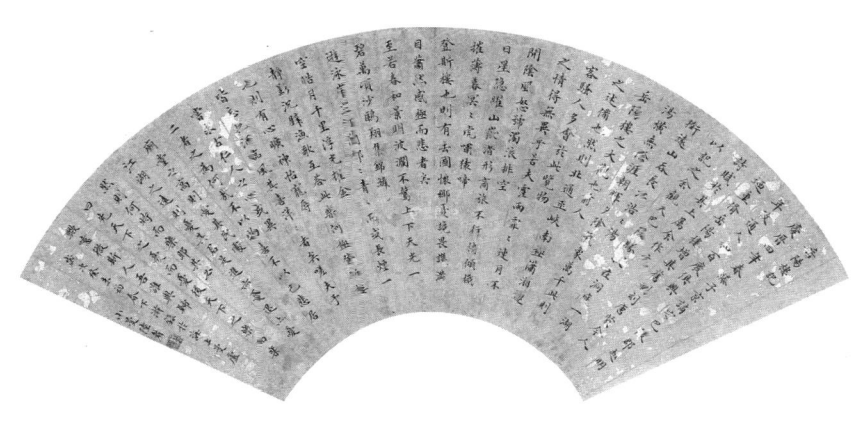

翩若驚鴻婉若游龍榮曜秋菊華茂

兮若輕雲之蔽月飄飄兮若流風之回雪

乙亥九月小曼陸眉益題